⸬ Zuſtände.

(⸬.) Bei dem großen Elende, Unſauberkeit, die nicht blos ... bei der Reizbarkeit des ... loſen Leichtſinne, bei dem ... und Vorſichtsmaaßregeln, ... hie und ... rchtbarer als anderswo ... ſollen erhebt ...

Der heu... 29 März offiziell be... dieſer gewoll... Tag des Demi Ca... war, ſo tummelten ... wünſchen, was ... wards, wo man ſo... ve: nicht, wie man ... die Charte ſchlug ... arbigkeit und Un... dieſelben Revolu... nkheit ſelbſt ver... dieſelben beſte Blut... n beſuchter als ... Jahren das beſte Blut ... die lauteſte ... aber den Schreiber die ... ſehr zweideu... kanten anſehe, die unter... ſtig kaltes ... er Umwälzung verſtehen ... onſtig kaltes ... das Weſentliche der Revo... allzu große ... s möglich, den Hauptbegrif ... hm, und ... ung und die daraus entſtan... um Vor... es Volks nicht mehr im Ein... ſchen ... nſtitutionen, ſo tritt es mit ... dem ... die Umgeſtaltung derſelben zur Re... ern ... r genannt wird. So lange die In... ng ... ſo lange jene Umgeſtaltung und den darau... der Geiſtesbildung des Volks übereinſtimmt ... und Bedürfniſſen des Volks völlig ... ſchlam das Staatsſiechthum nicht wie... überreizte Volk wird zwar manchmal wie... ubſpannung verſinken, wird aber bald wie... die feſteſten Bandagen und die edelſten ... rthen, die Wunden abreißen, und ſich ſo lange ... on den alten Wunden herwühlen, bis es ſich ... Fenſter hinauswerfen, von ſelbſt hineingelangt ... lsbehaglich, hin und her wühlen, jetzt zur Ruhe gelangt ... n Inſtitutionen von ſelbſt hineingefunden, und end... ne Fragen, ob Frankreich jetzt eine Revolution ... uen Staatsveränderungen entgegenſehen, und ob ... ber lauten: Was trieb die Franzoſen, dieſe Fragen ſo... n, und haben ſie das erreicht, was ſie bedurften? Die ... rung dieſer Fragen zu befördern, will ich den Begin ... olution beſprechen. Es iſt dieſe verſchiedenen Phaſen in meinen näch... , indem man die Gegenwar... in doppelt nützlicher Ge... rtäeln ſucht, zu gleicher Zeit ru... die Vergangenheit ... gangenheit, erſt durch jene, d... wie dieſe ... tändniß findet, und jeder ... eigentlichſte ... wirft, wovon unſere bisherig... auf ſie ...

Dieſe glaubten, und ſie ... denten, daß ſie ... ſeyen geſchloſſen, und ſie ... aus Furcht vor der ... ihr letztes Urtheil gefäl... griff, welches ſchon Robe... großen Woche, und d... den, daß ſie nemlich ... rem akademiſchen ... zimirt.

Vorrechtsl... bräuche, n... endlich ſo... Moder un... ihre Prote... thätig dieſe... kleine Kontrerevolution, und zwar in Verbindung mit alte... Weibern, den Revendeuſes, denen man verboten hatte, das übe... riechende Zeug, das ſie größtentheils von den Chiffonniers erha... deln, längs den Kays zum Wiederverkaufe auszukramen. ... ſahen ſie nun die widerwärtigſte Emente: die neuen Reinigung... karren wurden zerſchlagen und in die Seine geſchmiſſen; die Ch... ſonniers barrikadirten ſich bei der Porte St. Denis; mit ihre... buntgeſtikten Regenſchirmen fochten die alten Weiber auf de... Chatelet; der Generalmarſch erſcholl; Caſimir Perier ließ ſei... Myrmidonen aus ihren Boutiquen herausſtrommeln; der Bü... gerthron zitterte; die Rente fiel, und die Karliſten jauchzte... Letztere hatten endlich ihre natürlichſten Alliirten gefunden, Lum... penſammler und alte Weiber, die ſich jetzt mit denſelben Prin... zipien geltend machten, als Verfechter des Herkömmlichen, d... überlieferten Rechtsintereſſen. — Als die Emeute der Ch... ſonniers durch bewafnete Macht gedämpft worden, und die Cho... lera noch immer nicht ſo wüthend um ſich griff, wie gewiſſe Leu... es wünſchten, die bei jeder Volksnoth und Volksaufregung, wer... auch nicht den Sieg ihrer eigenen Sache, doch wenigſtens de... Untergang der jetzigen Regierung erhoffen, ſo vernahm ma... plötzlich das Gerücht: die vielen Menſchen, die ſo raſch zur Erd... beſtattet würden, ſtürben nicht durch eine Krankheit, ſonder... durch Gift. Gift, hieß es, habe man in alle Lebensmittel ... ſtreuen gewußt, auf den Gemüſemärkten, bei den Bäkern, ... en Fleiſchern, bei den Weinhändlern. Je wunderlicher die G... blungen lauteten, deſto begieriger wurden ſie vom Volke ge... riffen, und ſelbſt die kopfſchüttelnden Zweifler mußten ihn... ben ſchenken, als des Polizeipräfekten Bekanntmachung ...

Die Polizei, welcher häufig weniger daran gelegen i... rbrechen zu vereiteln, als vielmehr ſie gewußt zu habe... ntweder mit ihrer allgemeinen Wiſſenſchaft prahlen, od... te, bei jenen Vergiftungsgerüchten, ſie mögen wa... ſeyn, wenigſtens von der Regierung jeden Argwo... : genug, durch ihre unglückſelige Bekanntmachu... drüklich ſagte, daß ſie den Giftmiſchern auf d... rd das böſe Gerücht offiziell beſtätigt, und ga... n die grauenhafteſte Todesbeſtürzung. Das ... die älteſten Leute, die ſelbſt in den grimm... iten keine ſolche Frevel erfahren hatten. Fra... riefen die Männer, und ſchlugen ſich v... von kleinen Kindern, die ... und jamme...

Man hatte dieſer Peſti... da aus London die Nach... langt war, daß ſie verhältnißmäßig nur Wenige hinge... zu verhöhnen, und man meynte, die Cholera werde, eben ſo we... nig wie jede andere große Reputation, ſich hier in Anſehen er... Da war es nun der guten Cholera nicht zu ver... halten können.

taufendweiſe ihre Opfer niederwirft, da aus London die Nach... lenz um ſo ſorgloſer entgegengeſehen, ... richt angelangt war, daß ſie verhältnißmäßig nur Wenige hinge... raft. Es ſchien anfänglich ſogar darauf abgeſehen zu ſeyn, ſie ... zu verhöhnen, und man meynte, die Cholera werde, eben ſo we... nig wie jede andere große Reputation, ... halten können. Da war es nun der guten Cholera nicht zu ver... denten, daß ſie aus Furcht vor dem Ridicul zu einem Mittel ... griff, welches ſchon Robespierre und Napoleon als probat erfun... den, daß ſie nemlich, um ſich in Reſpekt zu ſetzen, das Volk be...

(Fortſezung folgt.)

HEINRICH HEINE

ICH REDE VON DER CHOLERA

EIN BERICHT AUS PARIS VON 1832

HERAUSGEGEBEN UND
MIT EINEM VORWORT
VON TIM JUNG

HOFFMANN UND CAMPE

VORWORT

»Die Gegenwart ist in diesem Augenblicke das Wichtigere, und das Thema, das sie mir zur Besprechung darbietet, ist von der Art, dass überhaupt jedes Weiterschreiben davon abhängt.«

Heinrich Heine in Paris im April 1832

Im Mai 1831 packte Heinrich Heine die Koffer, um sich im postrevolutionären Paris niederzulassen, dem politischen Brennpunkt seiner Zeit. Judenfeindliche Übergriffe, die herrschende Zensur und politische Anfeindungen hatten ihn dazu gebracht, Deutschland den Rücken zu kehren: »Da ich nun wirklich einer Aufheiterung bedurfte, und [...] obendrein die preußischen Ketten im Winter sehr kalt sind und meiner

Gesundheit¹ nicht zuträglich sein konnten, so entschloss ich mich, nach Paris zu reisen.«¹

Im Dezember 1831 wurde Heine Paris-Korrespondent für die in Augsburg ansässige *Allgemeine Zeitung*, die bedeutendste deutschsprachige Tageszeitung der damaligen Zeit. Dem Verleger des Blattes, Johann Friedrich Cotta, war mit dieser Ernennung ein Coup gelungen: »Ihre Feder weiß selbst aus Steinen Funken zu schlagen, die zur Flamme werden.«² Heine selbst wiederum hatte sich mit seinem Engagement nicht weniger vorgenommen als eine »Geschichtsschreibung der Gegenwart«; er erwartete »die großen Dinge … die noch nicht passiert sind. Sie werden aber passieren, und ich werde sie ruhig und unparteiisch beschreiben, wie es meines Amtes ist.«³

Die Cholera, die Paris im Frühjahr 1832 heimsuchte und von deren Ausbruch Heinrich Heine in der *Allgemeinen Zeitung* berichtete, war von Russland nach Europa getragen worden und bereits 1830 im Baltikum und in Polen aufgetreten. 1831 wütete sie in Deutschland und im Folgejahr auch in London und New York, wo im Juli 1832 täglich Dutzende Menschen an ihren Folgen starben. Allein in Paris fielen ihr im Jahr 1832 etwa 20 000 Menschen zum Opfer (Heine selbst ging im Juni 1832 von 35 000 Toten aus[4]), darunter auch der französische Ministerpräsident Casimir Périer, der sich bei einem Krankenhausbesuch mit der Cholera infizierte und ihr am 16. Mai des Jahres erlag.

Sobald es die ersten Toten gab, verließen die Lebenden, die es sich leisten konnten, die Stadt. Heinrich Heine blieb. Es lassen sich dafür drei Gründe finden, die drei verschiedene Gesichter Heines zeigen. So behauptet Heine in einem Brief an einen Freund kokett: »Es war nicht eigentlicher Mut, dass ich nicht ebenfalls von Paris entfloh, als der panische Schrecken einriss; ehrlich gesagt, ich war zu faul.«[5] Hier zeigt sich Heines typische Verweigerungshaltung gegenüber jeglichem Pathos. Grund Nummer zwei findet sich in einem Brief an Baron Cotta, in dem Heine schreibt, dass in Paris »ein sehr naher Verwandter von mir krank liegt. Sonst wäre ich aufs Land gezogen.«[6] Gemeint ist damit Heines Vetter Carl, der sich im April 1832 ebenfalls in Paris aufhielt. Hier zeigt sich Heines Mitgefühl, von dem im Weiteren noch die Rede sein wird. Grund Nummer drei schließlich offenbart sich in einem weiteren Brief an Cotta: »Seit einigen Tagen herrscht in Paris die grenzenloseste Bestürzung, der Cholera wegen; fast alle meine Bekannten sind abgereist. Ich würde auch fortgehen, wenn nicht bei der, durch die Cholera eingetretene Volksstimmung, die wichtigsten Dinge vorfallen könnten.«[7] Hier schließlich spricht der Journalist Heinrich Heine, der sich nicht nur verpflichtet fühlt, Bericht zu erstatten, sondern auch sofort erkennt, dass die Cholera weitreichende Folgen haben wird.

Auch wenn die Cholera als bakterielle Infektionskrankheit, die vorrangig auf verunreinigtes Trinkwasser zurückgeht, unter rein medizinischen Gesichtspunkten nicht mit der Corona-Pandemie vergleichbar ist, sind Heinrich Heines Beobachtungen zu den Auswirkungen eines unsichtbaren Krankheitserregers im Frühjahr 2020 frappierend aktuell:

Die anfängliche Sorglosigkeit, die schon bald folgende Verwirrung, die Zeit der ernsten Gesichter, der leeren Plätze und Straßen, das Hadern mit Todesfallzahlen und ihren Quellen und nicht zuletzt auch die sozialen Fragen: Heines wachem Auge entging in Zeiten der Cholera nichts, was die Welt nun, 189 Jahre später, mit Corona nicht erneut erfährt und – nur ungleich langsamer – erneut erkennt. Obendrein liefert uns Heine einen Rat ohne Verfallsdatum: »Angst ist bei Gefahren das Gefährlichste.«[8]

Schon zu Heines Zeiten ging die Pandemie mit der Verbreitung von Fake News einher. Was sich heute vor allem in den Sozialen Medien zusammenbraut, wurde im Paris des Jahres 1832 per Mundpropaganda verbreitet. So machte das Gerücht die Runde, dass das Volk gezielt vergiftet würde; in der Folge wurden zwei Menschen auf offener Straße ermordet, die ein weißes Pulver mit sich führten – ein vermeintliches Schutzmittel gegen die Cholera, wie sich herausstellte, nachdem die Unschuldigen bereits vom Mob zu Tode geprügelt worden waren.

Während Heine schonungslos von derartigen Grausamkeiten berichtet, scheint er selbst dem Leiden anderer gegenüber stellenweise eine irritierende Gleichgültigkeit an den Tag zu legen, wenn er etwa schreibt: »Ich wurde in dieser Arbeit viel gestört, zumeist durch das grauenhafte Schreien meines Nachbarn, welcher an der Cholera starb.«

Nicht wenige heutige Leserinnen und Leser werden Heine angesichts eines solchen Satzes für »empathielos« halten – was allerdings eine Fehleinschätzung wäre. Heine hatte großes Mitgefühl mit den Menschen und ihren Schicksalen. Damit diese Schicksale aber überhaupt wahrgenommen wurden, musste er sich zunächst die Aufmerksamkeit seiner Leserschaft sichern, der er mit Sätzen wie jenem zugleich jegliche Gleichgültigkeit austrieb.

Der vorliegende Band beinhaltet neben Heines eindrucksvollem, hochaktuellem Bericht auch das Faksimile des Originalartikels aus der *Allgemeinen Zeitung*, den der Hamburger Verleger Thomas Ganske für das Archiv des Hoffmann und Campe Verlags erworben hat. Heine nahm den Text später als »Artikel VI« in den Band *Französische Zustände* auf, der bei seinem Erscheinen 1832 eine publizistische Sensation war: Leserinnen und Leser waren begeistert, die Obrigkeit bestürzt.

Bis heute markieren Heines Berichte aus Paris eine Zäsur. Sie »sind ein Meilenstein der deutschen Literatur- und Pressegeschichte«[9], wie der Herausgeber und Heine-Experte Christian Liedtke schreibt: »Mit ihnen beginnt die Geschichte des modernen politischen Journalismus und des deutschen Feuilletons.«[10]

Tim Jung im April 2020

ANMERKUNGEN

1   DHA Bd. 15, S. 23.

2   Johann Friedrich von Cotta an Heine, 7. 12. 1831, HSA Bd. 24, S. 103.

3   Heine an Friedrich Thiersch, 15. 3. 1832. HSA Bd. 21, S. 32.

4   DHA Bd. 12/1, S. 208.

5   Heine an Karl August Varnhagen von Ense, Mitte Mai 1832. HSA Bd. 21, S. 36.

6   Heine an Friedrich von Cotta, 11. April 1832. HSA Bd. 21, S. 33.

7   Heine an Friedrich von Cotta, 2. April 1832. HSA Bd. 21, S. 33.

8   Heine an Julius Campe (im Zusammenhang mit einem Bundestagsbeschluss gegen das Junge Deutschland), 12. 1. 1836, HSA Bd. 21, S. 132.

9   Christian Liedtke (Hg.), *Französische Zustände: Artikel IX vom 25. Juni 1832, Urfassung/Heinrich Heine*, Hamburg 2010, S. 112.

10   Ebd., S. 109.

ICH REDE VON DER CHOLERA

EIN BERICHT AUS PARIS VON 1832

PARIS,
19. APRIL 1832

Nicht den Werkstätten der Parteien will ich ihren banalen Maßstab entborgen, um Menschen und Dinge damit zu messen, noch viel weniger will ich Wert und Größe derselben nach träumenden Privatgefühlen bestimmen, sondern ich will so viel als möglich parteilos das Verständnis der Gegenwart befördern, und den Schlüssel der lärmenden Tagesrätsel zunächst in der Vergangenheit suchen. Die Salons lügen, die Gräber sind wahr. Aber ach! die Toten, die kalten Sprecher der Geschichte, reden vergebens zur tobenden Menge, die nur die Sprache der Leidenschaft versteht.

Freilich, nicht vorsätzlich lügen die Salons. Die Gesellschaft der Gewalthaber glaubt wirklich an die ewige Dauer ihrer Macht, wenn auch die Annalen der Welthistorie und das feurige Mene-Tekel der Tagesblätter, und sogar die laute Volksstimme auf der Straße ihre Warnungen aussprechen. Auch die Oppositionskoterien lügen eigentlich nicht mit Absicht; sie glauben ganz bestimmt zu siegen, wie überhaupt die Menschen immer das glauben, was sie wünschen; sie berauschen sich im Champagner ihrer Hoffnungen; jedes Missgeschick deuten sie als ein notwendiges Ereignis, das sie dem Ziele desto näher bringe; am Vorabende ihres Untergangs strahlt ihre Zuversicht am brillantesten, und der Gerichtsbote, der ihnen ihre Niederlage gesetzlich ankündigt, findet sie gewöhnlich im Streite über die Verteilung der Bärenhaut. Daher die einseitigen Irrtümer, denen man nicht entgehen kann, wenn man der einen oder der anderen Partei nahesteht; jede täuscht uns, ohne es zu wollen, und wir vertrauen am liebsten unseren gleichgesinnten Freunden. Sind wir selber vielleicht so indifferenter Natur, dass wir, ohne sonderliche Vorneigung, mit allen Parteien beständig verkehren, so verwirrt uns die süffisante Sicherheit, die wir bei jeder Partei erblicken, und unser Urteil wird aufs unerquicklichste neutralisiert. Indifferentisten solcher Art, die selbst ohne eigene Meinung sind, ohne Teilnahme an den Interessen der Zeit, und die nur erlauschen wollen, was eigentlich vorgehe, und daher das Geschwätze aller Salons erhorchen, und die Chronique-scandaleuse jeder Partei bei der andern aufgabeln, solchen Indifferentisten begegnet's wohl, dass sie überall nur Personen und keine Dinge, oder vielmehr in den Dingen nur die Personen sehen, dass sie den Untergang der Ersteren prophezeien, weil sie die Schwäche der Letzteren erkannt haben, und dass sie dadurch ihre respektiven Kommittenten zu den bedenklichsten Irrnissen und Fehlgriffen verleiten.

Ich kann nicht umhin, auf das Missverhältnis, das jetzt in Frankreich zwischen den Dingen (d.h. den geistigen und materiellen Interessen) und Personen (d.h. den Repräsentanten dieser Interessen) stattfindet, hier besonders aufmerksam zu machen. Dies war ganz anders zu Ende des vorigen Jahrhunderts, wo die Menschen noch kolossal bis zur Höhe der Dinge hinaufragten, sodass sie in den Revolutionsgeschichten gleichsam das heroische Zeitalter bilden, und als solches jetzt von unsrer republikanischen Jugend gefeiert und geliebt werden. Oder täuscht uns in dieser Hinsicht derselbe Irrtum, den wir bei Madame Roland finden, die in ihren »Memoiren« gar bitter klagt, dass unter den Männern ihrer Zeit kein Einziger bedeutend sei? Die arme Frau kannte nicht ihre eigene

Größe, und merkte daher nicht, dass ihre Zeitgenossen schon groß genug waren, wenn sie ihr selbst nichts an geistiger Statur nachgaben. Das ganze französische Volk ist jetzt so gewaltig in die Höhe gewachsen, dass wir vielleicht ungerecht sind gegen seine öffentlichen Repräsentanten, die nicht sonderlich aus der Menge hervorragen, aber darum doch nicht klein genannt werden dürfen. Man kann jetzt vor lauter Wald die Bäume nicht sehen. In Deutschland erblicken wir das Gegenteil, eine überreichliche Menge Krüppelholz und Zwergtannen, und dazwischen hie und da eine Rieseneiche, deren Haupt sich bis in die Wolken erhebt – während unten am Stamme die Würmer nagen.

Der heutige Tag ist ein Resultat des gestrigen. Was dieser gewollt hat, müssen wir erforschen, wenn wir zu wissen wünschen, was jener will. Die Revolution ist eine und dieselbe; nicht, wie uns die Doktrinäre einreden möchten, nicht für die Charte schlug man sich in der großen Woche, sondern für dieselben Revolutionsinteressen, denen man seit vierzig Jahren das beste Blut Frankreichs geopfert hatte. Damit man aber den Schreiber dieser Blätter nicht für einen jener Prädikanten ansehe, die unter Revolution nur Umwälzung und wieder Umwälzung verstehen, und die zufälligen

Erscheinungen für das Wesentliche der Revolution halten, will ich, so genau als möglich, den Hauptbegriff feststellen.

Wenn die Geistesbildung und die daraus entstandenen Sitten und Bedürfnisse eines Volks nicht mehr im Einklange sind mit den alten Staatsinstitutionen, so tritt es mit diesen in einen Notkampf, der die Umgestaltung derselben zur Folge hat und eine Revolution genannt wird. Solange die Revolution nicht vollendet ist, solange jene Umgestaltung der Institutionen nicht ganz mit der Geistesbildung und den daraus hervorgegangenen Sitten und Bedürfnissen des Volks übereinstimmt: so lange ist gleichsam das Staatssiechtum nicht völlig geheilt, und das krank überreizte Volk wird zwar manchmal in die schlaffe Ruhe der Abspannung versinken, wird aber bald wieder in Fieberhitze geraten, die festesten Bandagen und die gutmütigste Scharpie von den alten Wunden abreißen, die edelsten Krankenwärter zum Fenster hinauswerfen, und sich so lange, schmerzhaft und missbehaglich, hin und her wälzen, bis es sich in die angemessenen Institutionen von selbst hineingefunden haben wird.

Die Fragen, ob Frankreich jetzt zur Ruhe gelangt, oder ob wir neuen Staatsveränderungen entgegensehen, und endlich, welch ein Ende das alles nehmen wird, diese Fragen sollten eigenlicher lauten: Was trieb die Franzosen, eine Revolution zu beginnen, und haben sie das erreicht, was sie bedurften? Die Beantwortung dieser Fragen zu befördern, will ich den Beginn der Revolution in meinen nächsten Artikeln besprechen. Es ist dieses ein doppelt nützliches Geschäft, da, indem man die Gegenwart durch die Vergangenheit zu erklären sucht, zu gleicher Zeit offenbar wird, wie diese, die Vergangenheit, erst durch jene, die Gegenwart, ihr eigenlichstes Verständnis findet, und jeder neue Tag ein neues Licht auf sie wirft, wovon unsere bisherigen Handbuchschreiber keine Ahnung hatten. Diese glaubten, die Akten der Revolutionsgeschichte seien geschlossen, und sie hatten schon über Menschen und Dinge ihr letztes Urteil gefällt: da brüllten plötzlich die Kanonen der großen Woche, und die Göttinger Fakultät merkte, dass von ihrem akademischen Spruchkollegium an eine höhere Instanz appelliert worden, und dass nicht bloß die französische Spezialrevolution noch nicht vollendet sei, sondern dass erst die weit umfassendere Universalrevolution ihren Anfang genommen habe. Wie mussten sie erschrecken, diese friedlichen Leute, als sie eines

frühen Morgens die Köpfe zum Fenster hinaussteckten und den Umsturz des Staates und ihrer Kompendien erblickten, und trotz der Schlafmützen die Töne
der Marseiller Hymne in ihre Ohren drangen. Wahrlich, dass 1830 die dreifarbige Fahne einige Tage lang
auf den Türmen von Göttingen flatterte, das war ein
burschikoser Spaß, den sich die Weltgeschichte gegen
das hochgelehrte Philistertum der Georgia Augusta
erlaubt hat. In dieser allzu ernsten Zeit bedarf es wohl
solcher aufheiternden Erscheinungen.

So viel zur Bevorwortung eines Artikels, der sich
mit vergangenheitlichen Beleuchtungen beschäftigen
mag. Die Gegenwart ist in diesem Augenblicke das
Wichtigere, und das Thema, das sie mir zur Besprechung darbietet, ist von der Art, dass überhaupt jedes
Weiterschreiben davon abhängt.

(Ich will ein Fragment des Artikels, der hier an-
gekündigt worden, in der Beilage mitteilen. In einem
nächsten Buche mag dann die später geschriebene
Ergänzung nachfolgen. Ich wurde in dieser Arbeit
viel gestört, zumeist durch das grauenhafte Schreien
meines Nachbars, welcher an der Cholera starb. Überhaupt muss ich bemerken, dass die damaligen Um-
stände auch auf die folgenden Blätter misslich einge-

wirkt; ich bin mir zwar nicht bewusst, die mindeste Unruhe empfunden zu haben, aber es ist doch sehr störsam, wenn einem beständig das Sichelwetzen des Todes allzu vernehmbar ans Ohr klingt. Ein mehr körperliches als geistiges Unbehagen, dessen man sich doch nicht erwehren konnte, würde mich mit den andern Fremden ebenfalls von hier verscheucht haben; aber mein bester Freund lag hier krank darnieder. Ich bemerke dieses, damit man mein Zurückbleiben in Paris für keine Bravade ansehe. Nur ein Tor konnte sich darin gefallen, der Cholera zu trotzen. Es war eine Schreckenszeit, weit schauerlicher als die frühere, da die Hinrichtungen so rasch und so geheimnisvoll stattfanden. Es war ein verlarvter Henker, der mit einer unsichtbaren Guillotine ambulant durch Paris zog. »Wir werden einer nach dem andern in den Sack gesteckt!«, sagte seufzend mein Bedienter jeden Morgen, wenn er mir die Zahl der Toten oder das Verscheiden eines Bekannten meldete. Das Wort »in den Sack stecken« war gar keine Redefigur; es fehlte bald an Särgen, und der größte Teil der Toten wurde in Säcken beerdigt. Als ich vorige Woche an einem öffentlichen Gebäude vorbeiging und in der geräumigen Halle das lustige Volk sah, die springend munteren Französchen, die niedlichen Plaudertaschen von Französinnen, die dort lachend und schäkernd ihre Einkäufe machten, da erinnerte ich mich: dass hier, während der Cholerazeit, hoch aufeinandergeschichtet, viele hundert weiße Säcke standen, die lauter Leichname enthielten; und dass man hier sehr wenige, aber desto fatalere Stimmen hörte, nämlich wie die Leichenwächter, mit unheimlicher Gleichgültigkeit, ihre Säcke den Totengräbern zuzählten, und diese wieder, während sie solche auf ihre Karren luden, gedämpfteren Tones die Zahl wiederholten, oder gar sich grell laut beklagten, man habe ihnen einen Sack zu wenig geliefert; wobei nicht selten ein sonderbares Gezänk entstand. Ich erinnere mich, dass zwei kleine Knäbchen mit betrübter Miene neben mir standen, und der eine mich frug: ob ich ihm nicht sagen könne, in welchem Sacke sein Vater sei?

Die folgende Mitteilung hat vielleicht das Verdienst, dass sie gleichsam ein Bulletin ist, welches auf dem Schlachtfelde selbst, und zwar während der Schlacht, geschrieben worden, und daher unverfälscht die Farbe des Augenblicks trägt. Thukydides, der Historienschreiber, und Boccaccio, der Novellist, haben uns freilich bessere Darstellungen dieser Art hinterlassen; aber ich zweifle, ob sie genug Gemütsruhe besessen hätten, während die Cholera ihrer Zeit am entsetzlichsten um sie her wütete, sie gleich, als schleunigen Artikel für die Allgemeine Zeitung von Korinth oder Pisa, so schön und meisterhaft zu beschreiben.

Ich werde bei den folgenden Blättern einem Grundsatz treu bleiben, den ich auch bei dem ganzen Buche ausübe, nämlich: dass ich nichts an diesen Artikeln ändere, dass ich sie ganz so abdrucken lasse, wie ich sie ursprünglich geschrieben, dass ich nur hie und da irgend ein Wort einschalte oder ausmerze, wenn dergleichen, in meiner Erinnerung, dem ursprünglichen Manuskript entspricht. Solche kleine Reminiszenzen kann ich nicht abweisen, aber sie sind sehr selten, sehr geringfügig, und betreffen nie eigentliche Irrtümer, falsche Prophezeiungen und schiefe Ansichten, die hier nicht fehlen dürfen, da sie zur Geschichte der Zeit gehören. Die Ereignisse selbst bilden immer die beste Berichtigung.) Ich rede von der Cholera, die seitdem hier herrscht, und zwar unumschränkt, und die, ohne Rücksicht auf Stand und Gesinnung, tausendweise ihre Opfer niederwirft.

Man hat jener Pestilenz umso sorgloser entgegengesehen, da aus London die Nachricht angelangt war, dass sie verhältnismäßig nur wenige hingerafft. Es

schien anfänglich sogar darauf abgesehen zu sein, sie
zu verhöhnen, und man meinte, die Cholera werde,
ebenso wenig wie jede andere große Reputation, sich
hier in Ansehn erhalten können. Da war es nun der
guten Cholera nicht zu verdenken, dass sie, aus Furcht
vor dem Ridikül, zu einem Mittel griff, welches schon
Robespierre und Napoleon als probat befunden, dass
sie nämlich, um sich in Respekt zu setzen, das Volk
dezimiert. Bei dem großen Elende, das hier herrscht,
bei der kolossalen Unsauberkeit, die nicht bloß bei den
ärmeren Klassen zu finden ist, bei der Reizbarkeit des
Volks überhaupt, bei seinem grenzenlosen Leichtsinne,
bei dem gänzlichen Mangel an Vorkehrungen und
Vorsichtsmaßregeln, musste die Cholera hier rascher
und furchtbarer als anderswo um sich greifen. Ihre
Ankunft war den 29. März offiziell bekannt gemacht
worden, und da dieses der Tag des Demi-Carême und
das Wetter sonnig und lieblich war, so tummelten sich
die Pariser umso lustiger auf den Boulevards, wo man
sogar Masken erblickte, die, in karikierter Missfarbig-
keit und Ungestalt, die Furcht vor der Cholera und
die Krankheit selbst verspotteten. Desselben Abends
waren die Redouten besuchter als jemals; übermütiges
Gelächter überjauchzte fast die lauteste Musik, man

erhitzte sich beim Chahût, einem nicht sehr zweideutigen Tanze, man schluckte dabei allerlei Eis und
sonstig kaltes Getrinke: als plötzlich der lustigste
der Arlequine eine allzu große Kühle in den Beinen
verspürte, und die Maske abnahm, und zu aller Welt
Verwunderung ein veilchenblaues Gesicht zum Vorscheine kam. Man merkte bald, dass solches kein Spaß
sei, und das Gelächter verstummte, und mehrere Wagen voll Menschen fuhr man von der Redoute gleich
nach dem Hôtel-Dieu, dem Zentralhospitale, wo sie,
in ihren abenteuerlichen Maskenkleidern anlangend,
gleich verschieden. Da man in der ersten Bestürzung
an Ansteckung glaubte, und die älteren Gäste des
Hôtel-Dieu ein grässliches Angstgeschrei erhoben, so
sind jene Toten, wie man sagt, so schnell beerdigt worden, dass man ihnen nicht einmal die buntscheckigen
Narrenkleider auszog, und lustig, wie sie gelebt haben,
liegen sie auch lustig im Grabe.

Nichts gleicht der Verwirrung, womit jetzt plötzlich Sicherungsanstalten getroffen wurden. Es bildete
sich eine Commission sanitaire, es wurden überall
Bureaux de secours eingerichtet, und die Verordnung
in Betreff der Salubrité publique sollte schleunigst in
Wirksamkeit treten. Da kollidierte man zuerst mit den

Interessen einiger tausend Menschen, die den öffentlichen Schmutz als ihre Domäne betrachten. Dieses sind die sogenannten Chiffonniers, die von dem Kehricht, der sich des Tags über vor den Häusern in den Kotwinkeln aufhäuft, ihren Lebensunterhalt ziehen. Mit großen Spitzkörben auf dem Rücken, und einem Hakenstock in der Hand, schlendern diese Menschen, bleiche Schmutzgestalten, durch die Straßen, und wissen mancherlei, was noch brauchbar ist, aus dem Kehricht aufzugabeln und zu verkaufen. Als nun die Polizei, damit der Kot nicht lange auf den Straßen liegen bleibe, die Säuberung derselben in Entreprise gab, und der Kehricht, auf Karren verladen, unmittelbar zur Stadt hinausgebracht ward, aufs freie Feld, wo es den Chiffonniers freistehen sollte, nach Herzenslust darin herumzufischen: da klagten diese Menschen, dass sie, wo nicht ganz brotlos, doch wenigstens in ihrem Erwerbe geschmälert worden, dass dieser Erwerb ein verjährtes Recht sei, gleichsam ein Eigentum, dessen man sie nicht nach Willkür berauben könne. Es ist sonderbar, dass die Beweistümer, die sie, in dieser Hinsicht, vorbrachten, ganz dieselben sind, die auch unsere Krautjunker, Zunftherren, Gildemeister, Zehntenprediger, Fakultätsgenossen, und sonstige Vorrechtsbeflissene vorzubringen pflegen, wenn die alten Missbräuche, wovon sie Nutzen ziehen, der Kehricht des Mittelalters, endlich fortgeräumt werden sollen, damit durch den verjährten Moder und Dunst unser jetziges Leben nicht verpestet werde. Als ihre Protestationen nichts halfen, suchten die Chiffonniers, gewalttätig die Reinigungsreform zu hintertreiben; sie versuchten eine kleine Kontrerevolution, und zwar in Verbindung mit alten Weibern, den Revendeuses, denen man verboten hatte, das übelriechende Zeug, das sie größtenteils von den Chiffonniers erhandeln, längs den Kais zum Wiederverkaufe auszukramen. Da sahen wir nun die widerwärtigste Emeute: die neuen Reinigungskarren wurden zerschlagen und in die Seine geschmissen; die Chiffonniers barrikadierten sich bei der Porte St.-Denis; mit ihren Regenschirmen fochten die alten Trödelweiber auf dem Châtelet; der Generalmarsch erscholl; Casimir Périer ließ seine Myrmidonen aus ihren Butiken heraustrommeln; der Bürgerthron zitterte; die Rente fiel; die Karlisten jauchzten. Letztere hatten endlich ihre natürlichsten Alliierten gefunden, Lumpensammler und alte Trödelweiber, die sich jetzt mit denselben Prinzipien geltend machten, als Verfechter des Herkömmlichen, der überlieferten Erbkehrichtsinteressen, der Verfaultheiten aller Art.

Als die Emeute der Chiffonniers durch bewaffnete Macht gedämpft worden, und die Cholera noch immer nicht so wütend um sich griff, wie gewisse Leute es wünschten, die bei jeder Volksnot und Volksaufregung, wenn auch nicht den Sieg ihrer eigenen Sache, doch wenigstens den Untergang der jetzigen Regierung erhoffen, da vernahm man plötzlich das Gerücht: die vielen Menschen, die so rasch zur Erde bestattet würden, stürben nicht durch eine Krankheit, sondern durch Gift. Gift, hieß es, habe man in alle Lebensmittel zu streuen gewusst, auf den Gemüsemärkten, bei den Bäckern, bei den Fleischern, bei den Weinhändlern. Je wunderlicher die Erzählungen lauteten, desto begieriger wurden sie vom Volke aufgegriffen, und selbst die kopfschüttelnden Zweifler mussten ihnen Glauben schenken, als des Polizeipräfekten Bekanntmachung erschien. Die Polizei, welcher hier, wie überall, weniger daran gelegen ist, die Verbrechen zu vereiteln, als vielmehr sie gewusst zu haben, wollte entweder mit ihrer allgemeinen Wissenschaft prahlen, oder sie gedachte, bei jenen Vergiftungsgerüchten, sie mögen wahr oder falsch sein, wenigstens von der Regierung jeden Argwohn abzuwenden: genug, durch ihre unglückselige Bekanntmachung, worin sie ausdrücklich sagte, dass sie den Giftmischern auf der Spur sei, ward das böse Gerücht offiziell bestätigt, und ganz Paris geriet in die grauenhafteste Todesbestürzung.

»Das ist unerhört«, schrien die ältesten Leute, die selbst in den grimmigsten Revolutionszeiten keine solche Frevel erfahren hatten. »Franzosen, wir sind entehrt!«, riefen die Männer, und schlugen sich vor die Stirne. Die Weiber, mit ihren kleinen Kindern, die sie angstvoll an ihr Herz drückten, weinten bitterlich, und jammerten: dass die unschuldigen Würmchen in ihren Armen stürben. Die armen Leute wagten weder zu essen noch zu trinken, und rangen die Hände vor Schmerz und Wut. Es war, als ob die Welt unterginge. Besonders an den Straßenecken, wo die rotangestrichenen Weinläden stehen, sammelten und berieten sich die Gruppen, und dort war es meistens, wo man die Menschen, die verdächtig aussahen, durchsuchte, und wehe ihnen, wenn man irgendetwas Verdächtiges in ihren Taschen fand! Wie wilde Tiere, wie Rasende, fiel dann das Volk über sie her. Sehr viele retteten sich durch Geistesgegenwart; viele wurden durch die Entschlossenheit der Kommunalgarden, die an jenem Tage überall herumpatrouillierten, der Gefahr entrissen; andere wurden schwer verwundet und verstümmelt; sechs Menschen wurden aufs unbarmherzigste ermordet. Es gibt keinen grässlicheren Anblick als solchen Volkszorn, wenn er nach Blut lechzt und seine wehrlosen Opfer hinwürgt. Dann wälzt sich durch die Straßen ein dunkles Menschenmeer, worin hie und da die Ouvriers in Hemdärmeln, wie weiße Sturzwellen, hervorschäumen, und das heult und braust, gnadenlos, heidnisch, dämonisch. An der Straße St.-Denis hörte ich den altberühmten Ruf: »A la lanterne!«, und mit Wut erzählten mir einige Stimmen, man hänge einen Giftmischer. Die einen sagten, er sei ein Karlist, man habe ein brevêt de lys in seiner Tasche gefunden; die andern sagten, es sei ein Priester, ein solcher sei alles fähig. Auf der Straße Vaugirard, wo man zwei Menschen, die ein weißes Pulver bei sich gehabt, ermordete, sah ich einen dieser Unglücklichen, als er noch etwas rochelte, und eben die alten Weiber ihre Holzschuhe von den Füßen zogen und ihn damit so lange auf den Kopf schlugen, bis er tot war. Er war ganz nackt, und blutrünstig zerschlagen und zerquetscht; nicht bloß die Kleider, sondern auch die Haare, die Scham, die

Lippen und die Nase waren ihm abgerissen, und ein wüster Mensch band dem Leichnam einen Strick um die Füße und schleifte ihn damit durch die Straße, während er beständig schrie: »Voilà le Cholera-morbus!« Ein wunderschönes, wutblasses Weibsbild mit entblößten Brüsten und blutbedeckten Händen stand dabei, und gab dem Leichnam, als er ihr nahe kam, noch einen Tritt mit dem Fuß. Sie lachte, und bat mich, ihrem zärtlichen Handwerk einige Franks zu zollen, damit sie sich dafür ein schwarzes Trauerkleid kaufe; denn ihre Mutter sei vor einigen Stunden gestorben, an Gift.

Des andern Tags ergab sich aus den öffentlichen Blättern, dass die unglücklichen Menschen, die man so grausam ermordet hatte, ganz unschuldig gewesen, dass die verdächtigen Pulver, die man bei ihnen gefunden, entweder aus Kampfer oder Chlorüre oder sonstigen Schutzmitteln gegen die Cholera bestanden, und dass die vorgeblich Vergifteten ganz natürlich an der herrschenden Seuche gestorben waren. Das hiesige Volk, das, wie das Volk überall, rasch in Leidenschaft geratend, zu Gräueln verleitet werden kann, kehrt jedoch ebenso rasch zur Milde zurück, und bereut mit rührendem Kummer seine Untat, wenn es die Stimme der Besonnenheit vernimmt. Mit solcher Stimme haben die Journale gleich des andern Morgens das Volk zu beschwichtigen und zu besänftigen gewusst, und es mag als ein Triumph der Presse signalisiert werden, dass sie im Stande war, dem Unheil, welches die Polizei angerichtet, so schnell Einhalt zu tun. Rügen muss ich hier das Benehmen einiger Leute, die eben nicht zur untern Klasse gehören, und sich doch vom Unwillen soweit hinreißen ließen, dass sie die Partei der Karlisten öffentlich der Giftmischerei bezichtigten. So weit darf die Leidenschaft uns nie führen; wahrlich, ich würde mich sehr lange bedenken, ehe ich gegen meine giftigsten Feinde solche grässliche Beschuldigung ausspräche. Mit Recht, in dieser Hinsicht, beklagten sich die Karlisten. Nur dass sie dabei so laut schimpfend sich gebärdeten, könnte mir Argwohn einflößen; das ist sonst nicht die Sprache der Unschuld. Aber es hat, nach der Überzeugung der Bestunterrichteten, gar keine Vergiftung stattgefunden. Man hat vielleicht Scheinvergiftungen angezettelt, man hat vielleicht wirklich einige Elende gedungen, die allerlei unschädliche Pulver auf die Lebensmittel streuten, um das Volk in Unruhe zu setzen und aufzureizen; war dieses Letztere der Fall, so muss man dem

Volke sein tumultuarisches Verfahren nicht zu hoch anrechnen, umso mehr, da es nicht aus Privathass entstand, sondern, »im Interesse des allgemeinen Wohls, ganz nach den Prinzipien der Abschreckungstheorie«. Ja, die Karlisten waren vielleicht in die Grube gestürzt, die sie der Regierung gegraben; nicht dieser, noch viel weniger den Republikanern, wurden die Vergiftungen allgemein zugeschrieben, sondern jener Partei, »die immer durch die Waffen besiegt, durch feige Mittel sich immer wieder erhob, die immer nur durch das Unglück Frankreichs zu Glück und Macht gelangte, und die jetzt, die Hülfe der Kosaken entbehrend, wohl leichtlich zu gewöhnlichem Gifte ihre Zuflucht nehmen konnte«. So ungefähr äußerte sich der »Constitutionnel«.

Was ich selbst an dem Tage, wo jene Totschläge stattfanden, an besonderer Einsicht gewann, das war die Überzeugung, dass die Macht der älteren Bourbone nie und nimmermehr in Frankreich gedeihen wird. Ich hatte aus den verschiedenen Menschengruppen die merkwürdigsten Worte gehört; ich hatte tief hinabgeschaut in das Herz des Volkes; es kennt seine Leute.

Seitdem ist hier alles ruhig; l'ordre règne à Paris, würde Horatius Sebastiani sagen. Eine Totenstille herrscht in ganz Paris. Ein steinerner Ernst liegt auf allen Gesichtern. Mehrere Abende lang sah man sogar auf den Boulevards wenig Menschen, und diese eilten einander schnell vorüber, die Hand oder ein Tuch vor dem Munde. Die Theater sind wie ausgestorben. Wenn ich in einen Salon trete, sind die Leute verwundert, mich noch in Paris zu sehen, da ich doch hier keine notwendigen Geschäfte habe. Die meisten Fremden, namentlich meine Landsleute, sind gleich abgereist. Gehorsame Eltern hatten von ihren Kindern Befehl erhalten, schleunigst nach Hause zu kommen. Gottesfürchtige Söhne erfüllten unverzüglich die zärtliche Bitte ihrer lieben Eltern, die ihre Rückkehr in die Heimat wünschten; ehre Vater und Mutter, damit du lange lebest auf Erden! Bei andern erwachte plötzlich eine unendliche Sehnsucht nach dem teuren Vaterlande, nach den romantischen Gauen des ehrwürdigen Rheins, nach den geliebten Bergen, nach dem holdseligen Schwaben, dem Lande der frommen Minne, der Frauentreue, der gemütlichen Lieder und der gesünderen Luft. Man sagt, auf dem Hotel de Ville seien seitdem über 120 000 Pässe ausgegeben worden. Obgleich die Cholera sichtbar zunächst die ärmere Klasse angriff, so haben doch die Reichen gleich die Flucht ergriffen. Gewissen Parvenüs war es nicht zu verdenken, dass sie flohen; denn sie dachten wohl, die Cholera, die weit her aus Asien kommt, weiß nicht, dass wir in der letzten Zeit viel Geld an der Börse verdient haben, und sie hält uns vielleicht noch für einen armen Lump, und lässt uns ins Gras beißen. Hr. Aguado, einer der reichsten Bankiers und Ritter der Ehrenlegion, war Feldmarschall bei jener großen Retirade. Der Ritter soll beständig mit wahnsinniger Angst zum Kutschenfenster hinausgesehen, und seinen blauen Bedienten, der hinten aufstand, für den leibhaftigen Tod, den Cholera-morbus, gehalten haben.

Das Volk murrte bitter, als es sah, wie die Reichen flohen, und bepackt mit Ärzten und Apotheken sich nach gesünderen Gegenden retteten. Mit Unmut sah der Arme, dass das Geld auch ein Schutzmittel gegen den Tod geworden. Der größte Teil des Justemilieu und der haute Finance ist seitdem ebenfalls davon gegangen und lebt auf seinen Schlössern. Die eigentlichen Repräsentanten des Reichtums, die Herren v. Rothschild, sind jedoch ruhig in Paris geblieben, hierdurch beurkundend, dass sie nicht bloß in Geldgeschäften großartig und kühn sind. Auch Casimir

Périer zeigte sich großartig und kühn, indem er nach dem Ausbruche der Cholera das Hôtel-Dieu besuchte; sogar seine Gegner musste es betrüben, dass er in der Folge dessen, bei seiner bekannten Reizbarkeit, selbst von der Cholera ergriffen worden. Er ist ihr jedoch nicht unterlegen, denn er selber ist eine schlimmere Krankheit. Auch der junge Kronprinz, der Herzog von Orleans, welcher in Begleitung Périers das Hospital besuchte, verdient die schönste Anerkennung. Die ganze königliche Familie hat sich, in dieser trostlosen Zeit, ebenfalls rühmlich bewiesen. Beim Ausbruche der Cholera versammelte die gute Königin ihre Freunde und Diener, und verteilte unter ihnen Leibbinden von Flanell, die sie meistens selbst verfertigt hat. Die Sitten der alten Chevalerie sind nicht erloschen; sie sind nur ins Bürgerliche umgewandelt; hohe Damen versehen ihre Kämpen jetzt mit minder poetischen, aber gesünderen Schärpen. Wir leben ja nicht mehr in den alten Helm- und Harnischzeiten des kriegerischen Rittertums, sondern in der friedlichen Bürgerzeit der warmen Leibbinden und Unterjacken; wir leben nicht mehr im eisernen Zeitalter, sondern im flanellenen. Flanell ist wirklich jetzt der beste Panzer gegen die Angriffe des schlimmsten Feindes, gegen die Cholera. »Venus würde heutzutage«, sagt »Figaro«, »einen Gürtel von Flanell tragen.« Ich selbst stecke bis am Halse in Flanell, und dünke mich dadurch cholerafest. Auch der König trägt jetzt eine Leibbinde vom besten Bürgerflanell.

Ich darf nicht unerwähnt lassen, dass er, der Bürgerkönig, bei dem allgemeinen Unglücke viel Geld für die armen Bürger hergegeben und sich bürgerlich mitfühlend und edel benommen hat. – Da ich mal im Zuge bin, will ich auch den Erzbischof von Paris loben, welcher ebenfalls im Hôtel-Dieu, nachdem der Kronprinz und Périer dort ihren Besuch abgestattet, die Kranken zu trösten kam. Er hatte längst prophezeit, dass Gott die Cholera als Strafgericht schicken werde, um ein Volk zu züchtigen, »welches den allerchristlichsten König fortgejagt und das katholische Religionsprivilegium in der Charte abgeschafft hat«. Jetzt, wo der Zorn Gottes die Sünder heimsucht, will Hr. v. Quelen sein Gebet zum Himmel schicken und Gnade erflehen, wenigstens für die Unschuldigen; denn es sterben auch viele Karlisten. Außerdem hat Hr. v. Quelen, der Erzbischof, sein Schloss Conflans angeboten, zur Errichtung eines Hospitals. Die Regierung hat aber dieses Anerbieten abgelehnt, da dieses

Schloss in wüstem, zerstörtem Zustande ist, und die Reparaturen zu viel kosten würden. Außerdem hatte der Erzbischof verlangt, dass man ihm in diesem Hospital freie Hand lassen müsse. Man durfte aber die Seelen der armen Kranken, deren Leiber schon an einem schrecklichen Übel litten, nicht den quälenden Rettungsversuchen aussetzen, die der Erzbischof und seine geistlichen Gehilfen beabsichtigten; man wollte die verstockten Revolutionssünder lieber ohne Mahnung an ewige Verdammnis und Höllenqual, ohne Beichte und Ölung, an der bloßen Cholera sterben lassen. Obgleich man behauptet, dass der Katholizismus eine passende Religion sei für so unglückliche Zeiten, wie die jetzigen, so wollen doch die Franzosen sich nicht mehr dazu bequemen, aus Furcht, sie würden diese Krankheitsreligion alsdann auch in glücklichen Tagen behalten müssen.

Es gehen jetzt viele verkleidete Priester im Volke herum, und behaupten, ein geweihter Rosenkranz sei ein Schutzmittel gegen die Cholera. Die Saint-Simonisten rechnen zu den Vorzügen ihrer Religion, dass kein Saint-Simonist an der herrschenden Krankheit sterben könne; denn da der Fortschritt ein Naturgesetz sei, und der soziale Fortschritt im Saint-Simonismus liege, so dürfe, solange die Zahl seiner Apostel noch unzureichend ist, keiner von denselben sterben. Die Bonapartisten behaupten: wenn man die Cholera an sich verspüre, so solle man gleich zur Vendômesäule hinaufschauen: man bleibe alsdann am Leben. So hat jeder seinen Glauben in dieser Zeit der Not. Was mich betrifft, ich glaube an Flanell. Gute Diät kann auch nicht schaden, nur muss man wieder nicht zu wenig essen, wie gewisse Leute, die des Nachts die Leibschmerzen des Hungers für Cholera halten. Es ist spaßhaft, wenn man sieht, mit welcher Poltronerie die Leute jetzt bei Tische sitzen, und die menschenfreundlichsten Gerichte mit Misstrauen betrachten, und tiefseufzend die besten Bissen hinunterschlucken. Man soll, haben ihnen die Ärzte gesagt, keine Furcht haben und jeden Ärger vermeiden; nun aber fürchten sie, dass sie sich mal unversehens ärgern möchten, und ärgern sich wieder, dass sie deshalb Furcht hatten. Sie sind jetzt die Liebe selbst, und gebrauchen oft das Wort mon Dieu, und ihre Stimme ist hingehaucht milde, wie die einer Wöchnerin. Dabei riechen sie wie ambulante Apotheken, fühlen sich oft nach dem Bauch, und mit zitternden Augen fragen sie, jede Stunde, nach der Zahl der Toten. Dass man diese Zahl nie genau wusste, oder vielmehr, dass man von der Unrichtigkeit der angegebenen Zahl überzeugt war, füllte die Gemüter mit vagem Schrecken und steigerte die Angst ins Unermessliche. In der Tat, die Journale haben seitdem eingestanden, dass in einem Tage, nämlich den zehnten April, an die zweitausend Menschen gestorben sind. Das Volk ließ sich nicht offiziell täuschen, und klagte beständig, dass mehr Menschen stürben, als man angebe. Mein Barbier erzählte mir, dass eine alte Frau auf dem Faubourg Montmartre die ganze Nacht am Fenster sitzen geblieben, um die Leichen zu zählen, die man vorbeitrüge; sie habe dreihundert Leichen gezählt, worauf sie selbst, als der Morgen anbrach, von dem Froste und den Krämpfen der Cholera ergriffen ward und bald verschied. Wo man nur hinsah auf den Straßen, erblickte man Leichenzüge, oder, was noch melancholischer aussieht, Leichenwagen, denen niemand folgte. Da die vorhandenen Leichenwagen nicht zureichten, musste man allerlei andere Fuhrwerke gebrauchen, die, mit schwarzem Tuch überzogen, abenteuerlich genug aussahen. Auch daran fehlte es zuletzt, und ich sah Särge in Fiakern fortbringen; man legte sie in die Mitte, sodass aus den offenen Seitentüren die beiden Enden herausstanden. Widerwärtig war es anzuschauen, wenn die großen Möbelwagen, die man beim Ausziehen gebraucht, jetzt gleichsam als Totenomnibusse, als omnibus mortuis, herumfuhren, und sich in den verschiedenen Straßen die Särge aufladen ließen, und sie dutzendweise zur Ruhestätte brachten.

Die Nähe eines Kirchhofs, wo die Leichenzüge zusammentrafen, gewährte erst recht den trostlosesten Anblick. Als ich einen guten Bekannten besuchen wollte und eben zur rechten Zeit kam, wo man seine Leiche auflud, erfasste mich die trübe Grille, eine Ehre, die er mir mal erwiesen, zu erwidern, und ich nahm eine Kutsche und begleitete ihn nach Père-la-Chaise. Hier nun, in der Nähe dieses Kirchhofs, hielt plötzlich mein Kutscher still, und als ich, aus meinen Träumen erwachend, mich umsah, erblickte ich nichts als Himmel und Särge. Ich war unter einige hundert Leichenwagen geraten, die vor dem engen Kirchhofstore gleichsam Queue machten, und in dieser schwarzen Umgebung, unfähig mich herauszuziehen, musste ich einige Stunden ausdauern. Aus Langerweile frug ich den Kutscher nach dem Namen meiner Nachbarleiche, und, wehmütiger Zufall!, er nannte mir da eine junge Frau, deren Wagen einige Monate vorher, als ich zu Lointier nach einem Balle fuhr, in ähnlicher Weise einige Zeit neben dem meinigen stille halten musste. Nur dass die junge Frau damals mit ihrem hastigen Blumenköpfchen und lebhaften Mondscheingesichtchen öfters zum Kutschenfenster hinausblickte, und über die Verzögerung ihre holdeste Misslaune ausdrückte. Jetzt war sie sehr still und vielleicht blau. Manchmal jedoch, wenn die Trauerpferde an den Leichenwagen sich schaudernd unruhig bewegten, wollte es mich bedünken, als regte sich die Ungeduld in den Toten selbst, als seien sie des Wartens müde, als hätten sie Eile, ins Grab zu kommen; und wie nun gar an dem Kirchhofstore ein Kutscher dem andern vorauseilen wollte, und der Zug in Unordnung geriet, die Gendarmen mit blanken Säbeln dazwischen fuhren, hie und da ein Schreien und Fluchen entstand, einige Wagen umstürzten, die Särge auseinander fielen, die Leichen hervorkamen: da glaubte ich die entsetzlichste aller Emeuten zu sehen, eine Totenemeute.

Ich will, um die Gemüter zu schonen, hier nicht erzählen, was ich auf dem Père-la-Chaise gesehen habe. Genug, gefesteter Mann wie ich bin, konnte ich mich doch des tiefsten Grauens nicht erwehren. Man kann an den Sterbebetten das Sterben lernen und nachher mit heiterer Ruhe den Tod erwarten; aber das Begrabenwerden, unter die Choleraleichen, in die Kalkgräber, das kann man nicht lernen. Ich rettete mich so rasch als möglich auf den höchsten Hügel des Kirchhofs, wo man die Stadt so schön vor sich liegen sieht. Eben war die Sonne untergegangen, ihre letzten Strahlen schienen wehmütig Abschied zu nehmen, die Nebel der Dämmerung umhüllten wie weiße Laken das kranke Paris, und ich weinte bitterlich über die unglückliche Stadt, die Stadt der Freiheit, der Begeisterung und des Martyriums, die Heilandstadt, die für die weltliche Erlösung der Menschheit schon so viel gelitten!

Nachsatz des Herausgebers:
Zwei Monate nach den geschilderten Ereignissen schrieb Heine an seinen Verleger Julius Campe: »Die Cholera ist hier gewesen, aber seit 3 Wochen regiert sie sehr strenge [...] und ist weit bedeutender, wie sie in ihrem ersten Auftreten war. Man nimmt keine Notiz von Seiten der Regierung davon.«[*]

[*]   Heine an Julius Campe, 17. Juni 1832. HSA Bd. 24, S. 128.

FAKSIMILE VON HEINRICH HEINES ARTIKEL IN DER ALLGEMEINEN ZEITUNG 29. APRIL BIS 2. MAI 1832

Französische Zustände.

Paris, 19 April. Nicht den Werkstätten der Parteien will ich ihren banalen Maaßstab entborgen, um Menschen und Dinge damit zu messen, noch viel weniger will ich Werth und Größe derselben nach träumenden Privatgefühlen bestimmen, sondern ich will so viel als möglich parteilos das Verständniß der Gegenwart befördern, und den Schlüssel der lärmenden Tagesräthsel zunächst in der Vergangenheit suchen. Die Salons lügen, die Gräber sind wahr. Aber ach! die Todten, die kalten Sprecher der Geschichte, reden vergebens zur tobenden Menge, die nur die Sprache der Leidenschaft versteht. — Freilich, nicht vorsetzlich lügen die Salons. Die Gesellschaft der Gewalthaber glaubt wirklich an die ewige Dauer ihrer Macht, wenn auch die Annalen der Welthistorie und das feurige Mene-Tekel der Tagesblätter, und sogar die laute Volksstimme auf der Straße ihre Warnungen aussprechen. Auch die Oppositionskotterien lügen gewiß nicht mit Absicht; sie glauben ganz bestimmt zu siegen, wie überhaupt die Menschen immer das glauben, was sie wünschen; sie berauschen sich im Champagner ihrer Hoffnungen; jedes Mißgeschik deuten sie als ein nothwendiges Ereigniß, das sie dem Ziele desto näher bringe; am Vorabende ihres Untergangs strahlt ihre Zuversicht am brillantesten, und der Gerichtsbote, der ihnen ihre Niederlage gesetzlich ankündigt, findet sie gewöhnlich im Streite über die Vertheilung der Bärenhaut. Daher die einseitigen Irrthümer, denen man nicht entgehen kann, wenn man der einen oder der andern Partei nahe steht; jede täuscht uns, ohne es zu wollen, und wir vertrauen am liebsten unsern gleichgesinnten Freunden. Sind wir selber vielleicht so indifferenter Natur, daß wir, ohne besondere Vorneigung, mit allen Parteien beständig verkehren, so verwirrt uns die süffisante Sicherheit, die wir bei jeder Partei erbliken, und unser Urtheil wird aufs unzuverläßigste neutralisirt. Indifferentisten solcher Art, die selbst ohne eigene Meynung sind, ohne Theilnahme an den Interessen der Zeit, und die nur erlauschen wollen, was eigentlich vorgehe, und daher das Geschwäze aller Salons erhorchen, und die Chronique-scandaleuse jeder Partei bei der andern aufgabeln, solchen Indifferentisten begegnet's wohl, daß sie überall nur Personen und keine Dinge, oder vielmehr in den Dingen nur die Personen sehen, daß den Untergang der erstern prophezeihen, weil sie die Schwäche der leztern erkannt haben, und daß sie dadurch ihre respektiven Kommittenten zu den bedenklichsten Irrsinnen und Fehlgriffen verleiten. — Ich kan nicht umhin auf das Mißverhältnis, das jetzt in Frankreich zwischen den Dingen (d. h. den geistigen und materiellen Interessen) und den Personen (d. h. den Repräsentanten dieser Interessen) statt findet, hier besonders aufmerksam zu machen. Da war ganz anders am Ende des vorigen Jahrhunderts, wo die Menschen noch kolossal bis zur Höhe der Dinge hinaufragten, so daß sie in den Revolutionsgeschichten gleichsam das heroische Zeitalter bilden, und als solches jetzt von unsrer republikanischen Jugend gefeiert und geliebt werden. Oder täuscht uns in dieser Hinsicht vielleicht Irrthum, den wir bei Madame Roland finden, die in ihren Memoiren gar bitter klagt, daß unter den Männern ihrer Zeit kein einziger bedeutend sey? Die arme Frau kannte nicht ihre eigene Größe, und merkte daher nicht, daß ihre Zeitgenossen schon groß

genug waren, wenn sie ihr selbst nichts an geistiger Statur nachgaben. Das ganze französische Volk ist jetzt so gewaltig in die Höhe gewachsen, daß wir vielleicht ungerecht sind gegen seine öffentlichen Repräsentanten, die nicht sonderlich aus der Menge hervorragen, aber darum doch nicht klein genannt werden dürfen. Man kan jetzt vor lauter Wald die Bäume nicht sehen. In Deutschland erbliken wir das Gegentheil, eine überreichliche Menge Krüppelholz und Zwergtannen, und dazwischen hie und da eine Rieseneiche, deren Haupt sich bis in die Wolken erhebt, während unten am Stamme die Würmer nagen. — Der heutige Tag ist ein Resultat des gestrigen. Was dieser gewollt hat, müssen wir erforschen, wenn wir zu wissen wünschen, was jener will. Die Revolution ist eine und dieselbe; nicht, wie uns die Doktrinäre einreden möchten, nicht für die Charte schlug man sich in der großen Woche, sondern für dieselben Revolutionsinteressen, denen man seit vierzig Jahren das beste Blut Frankreichs geopfert hatte. Damit man auch den Schreiber dieser Blätter nicht für einen jener Prädikanten ansehe, die unter Revolution nur Umwälzung, und wieder Umwälzung verstehen, und die zufälligen Erscheinungen für das Wesentliche der Revolution halten, will ich, so genau als möglich, den Hauptbegriff feststellen. — Wenn die Geistesbildung und die daraus entstandenen Sitten und Bedürfnisse eines Volks nicht mehr im Einklange sind mit den alten Staatsinstitutionen, so tritt es mit diesen in einen Nothkampf, der die Umgestaltung derselben zur Folge hat und eine Revolution genannt wird. So lange die Revolution nicht vollendet ist, so lange jene Umgestaltung der Institutionen nicht ganz mit der Geistesbildung und den daraus hervorgegangenen Sitten und Bedürfnissen des Volks übereinstimmt; so lange ist gleichsam das Staatssiechthum nicht völlig geheilt, und das krank überreizte Volk wird zwar manchmal in die schlaffe Ruhe der Abspannung versinken, wird aber bald wieder in Fieberhize gerathen, die festesten Bandagen und die gutmüthigste Charpie von den alten Wunden abreißen, die edelsten Krankenwärter zum Fenster hinauswerfen, und so so lange, schmerzhaft und mißbehaglich, hin und her wälzen, bis es sich in die angemessenen Institutionen von selbst hineingefunden haben wird. — Die Fragen, ob Frankreich jetzt zur Ruhe gelangt, oder ob mit neuen Staatsveränderungen entgegensehen, und endlich, welch ein Ende das Alles nehmen wird? diese Fragen sollten eigentlicher lauten: Was trieb die Franzosen eine Revolution zu beginnen, und haben sie das erreicht, was sie bedürften? Die Beantwortung dieser Fragen zu befördern, will ich den Beginn der Revolution und ihre verschiedenen Phasen in meinen nächsten Artikeln besprechen. Es ist dieses ein doppelt nützliches Geschäft, da, indem man die Gegenwart durch die Vergangenheit zu erklären sucht, zu gleicher Zeit offenbar wird, wie diese, die Vergangenheit, erst durch jene, die Gegenwart, ihr eigentlichstes Verständniß findet, und jeder neue Tag ein neues Licht auf sie wirft, wovon unsere bisherigen Handbuchschreiber keine Ahnung hatten. Diese glaubten, die Akten der Revolutionsgeschichte seyen geschlossen, und sie hatten schon über Menschen und Dinge ihr leztes Urtheil gefällt: da brüllten plözlich die Kanonen der großen Woche, und die Göttinger Fakultät merkte, daß von ihrem akademischen Spruchkollegium an eine höhere Instanz appellirt worden, und daß nicht blos die französische Spezialrevolution noch nicht vollendet sey, sondern daß vielleicht erst die weit umfassendere Universalrevolution ihren Anfang genommen habe. Wie mußten sie erschrecken, diese friedlichen Leute, als sie eines frühen Morgens die Köpfe zum Fenster hinaussteckten und den Umsturz des Staates und ihrer Kompendien erblickten, und trotz der Schlafmützen die Töne der Marseiller Hymne in ihre Ohren drangen. Wahrlich, daß 1830 die dreifarbige Fahne einige Tage lang auf den Thürmen von Göttingen flatterte, das war ein burschikoser Spaß, den sich die Weltgeschichte gegen das hochgelahrte Philisterthum der Georgia Augusta erlaubt hat. In dieser allzu ernsten Zeit bedarf es wohl solcher aufheiternden Erscheinungen. — So viel zur Bevorwortung des nächsten Artikels, der sich mit vergangenheitlichen Beleuchtungen beschäftigen mag. Die Gegenwart ist in diesem Augenblicke das Wichtigere, und das Thema, das sie mir zur Besprechung darbietet, ist von der Art, daß überhaupt jedes Weiterschreiben davon abhängt. Ich rede von der Cholera, die seitdem hier herrscht, und zwar unumschränkt, und die, ohne Rücksicht auf Stand und Gesinnung, tausendweise ihre Opfer niederwirft. Man hatte dieser Pestilenz um so sorgloser entgegengesehen, da aus London die Nachricht angelangt war, daß sie verhältnißmäßig nur Wenige hingerafft. Es schien anfänglich sogar darauf abgesehen zu seyn, sie zu verhöhnen, und man meynte, die Cholera werde, eben so wenig wie jede andere große Reputation, sich hier in Ansehen erhalten können. Da war es nun der guten Cholera nicht zu verdenken, daß sie aus Furcht vor dem Ridicul zu einem Mittel griff, welches schon Robespierre und Napoleon als probat erfunden, daß sie nemlich, um sich in Respekt zu setzen, das Volk dezimirt.

(Fortsetzung folgt.)

Verhandlungen in der kurhessischen Ständerversammlung über das Preßgesetz.

* Kassel, 17 April. (Fortsetzung.) Die Majorität des ständischen Ausschusses, welche die Oberappellationsgerichtsräthe v. Baumbach und Pfeiffer und der Kollaborator am Hersfelder Gymnasium, Vilmar, bildeten, hatte dagegen folgende Bestimmungen in Vorschlag gebracht: „Von jeder in Kurhessen erscheinenden Zeitung oder Zeitschrift politischen Inhalts, so wie von jeder andern Schrift, welche die Verfassung oder Verwaltung des deutschen Bundes oder hierzu gehöriger Staaten, außer Kurhessen, ihrem ganzen oder theilweisen Inhalte nach, zum Gegenstande hat, und nicht über 20 Druckbogen stark ist, muß bei der betreffenden Polizeibehörde ein Reindruck vor dem Ausgeben und Versenden hinterlegt werden, und zwar gegen Empfangschein, worauf der Tag und die Stunde der Hinterlegung zu bemerken ist, und hinsichtlich der Zeitungen und Zeitschriften zu einer von der Behörde, nach genommener Rücksprache mit dem Herausgeber oder Verleger, festzusetzenden Tageszeit, in welcher sodann stets Jemand zur Empfangnahme bereit seyn muß, widrigenfalls die bloße Anheftung des Reindrucks an der Thüre des Amtslokals als genügende Hinterlegung anzusehen ist. Das Ausgeben und Versenden darf bei periodischen Schriften, die blattweise erscheinen, erst nach einer Stunde, bei Zeit- und Flugschriften unter 5 Druckbogen nach 3 Stunden, bei Schriften über 5 und unter 12 Druckbogen nach 8 Stunden und bei Schriften von 12 bis zu 20 Druckbogen nach 24 Stunden von dem Zeitpunkte der Hinterlegung an gerechnet, erfolgen, wenn binnen dieser Zeitfrist keine Einsprache dagegen von Seite der Behörde geschehen ist. Eine solche Einsprache ist nur zulässig, wenn ein gesetzlicher Grund zur vorläufigen Beschlagnahme des Blatts oder der Schrift vorliegt, welche auch sogleich mit der Einsprache zu verbinden ist; es sey denn, daß der Verfasser, Herausgeber oder Verleger es vorziehen sollte, die Schrift mit Hinweglassung der von der Behörde als anstößig bezeichneten Artikel oder Stellen auszugeben. In diesem Falle bleiben sodann nur die anstößigen Artikel oder Stellen, welche unabgeändert stehen geblieben, Gegenstand der gerichtlichen Verfolgung. Wer die vorgeschriebene Hinterlegung unterläßt oder die Zeitung, das Blatt oder die Schrift vor Ablauf der bestimmten Frist ausgibt oder versendet, oder die anstößigen Artikel oder Stellen, der vorläufigen Beschlagnahme zuwider durch den Druck bekannt macht, verfällt in eine Geldbuße von 25 bis zu 100 Thalern.‟ Die Majorität des ständischen Ausschusses hatte die Ueberzeugung, daß etwanigen Chikanen, welche mit dem von ihr vorgeschlagenen Systeme verbunden seyn könnten, auf die von ihr angegebene Weise auf das möglichst Vollständige vorgebeugt worden sey. Sollte die Behörde eine augenscheinlich grundlose Beschlagnahme verfügen, dann würde dieselbe in Schadenersatz und Kosten verurtheilt. Ueberdieß war bestimmt worden, daß, gesetzt auch die Beschlagnahme sey vorläufig verfügt worden, diese sofort wirkungslos seyn solle, wenn derjenige, gegen den sie verfügt worden, nicht binnen 24 Stunden vom Gerichte benachrichtigt wird, daß diesem die Anzeige von der vorläufigen Beschlagnahme gemacht worden sey. Dadurch sollte die Polizeibehörde verhindert werden, die Sache in die Länge zu ziehen; während zugleich das Gericht keine Verzögerung eintreten lassen kan, da, wenn nicht binnen 24 Stunden von dem Zeitpunkte der angeordneten gerichtlichen Benachrichtigung, die gerichtliche Bestätigung oder Aufhebung des Beschlags eröffnet wird, der Beschlag selbst abermals sofort seine Wirksamkeit verlieren soll. Endlich kan nach diesem Systeme denjenigen, gegen welchen die Beschlagnahme verfügt worden ist, in dem Falle daß die fraglichen Artikel oder Stellen für gesetzwidrig durch richterliches Urtheil erklärt werden sollten, keine Strafe treffen, sondern nur die Unterdrückung oder Vernichtung der sträflichen Schrift oder der sträflichen Stellen derselben ausgesprochen werden. Beide Theile, Minorität wie Majorität, glaubten auf ihrer Ansicht bestehen zu müssen, weil jede sie für die freisinnigste hielt. Der Dep. Werthmüller machte auch seinen politischen Grund für die Ansicht der Minorität geltend. Nehme nemlich (sagte er) die kurhessische Ständeversammlung dieselbe an, so erhalte dadurch das badische Preßgesetz eine bedeutende Stütze; alsdann würden auch die übrigen deutschen konstitutionellen Staaten ähnliche freisinnige Preßgesetze zu erringen suchen, und dadin müsse man streben, um gegen die Regierungen, welche solchen freisinnigen Preßgesetzen nicht sehr bald seyn möchten, ein größeres Gegengewicht zu erlangen. Der Dep. Jordan machte zugleich bemerklich, der Uebergang vom Preßzwange zur Preßfreiheit werde am besten befördert werden, wenn diejenigen, welche ihrer Sache nicht ganz gewiß zu seyn glaubten, Gelegenheit hätten, ihre Schrift einer Censur zu unterwerfen, während diejenigen, welche sich freier zu bewegen im Stande wären, an keine Form gebunden seyen. Dagegen hält

Französische Zustände.

Paris, 19 April. (Fortsetzung.) Bei dem großen Elende, das hier herrscht, bei der kolossalen Unsauberkeit, die nicht blos bei den ärmern Klassen zu finden ist, bei der Reizbarkeit des Volks überhaupt, bei seinem gränzenlosen Leichtsinne, bei dem gänzlichen Mangel an Vorkehrungen und Vorsichtsmaaßregeln, mußte die Cholera hier rascher und furchtbarer als anderswo um sich greifen. Ihre Ankunft war den 29 März offiziell bekannt gemacht worden, und da dieses der Tag des Demi Carême und das Wetter sonnig und lieblich war, so tummelten sich die Pariser um so lustiger auf den Boulevards, wo man so zahlreiche Masken erblickte, die, in karrikirter Mißbarkeit und Ungestalt, die Furcht vor der Cholera und die Krankheit selbst verspotteten. Desselben Abends waren die Redouten besuchter als jemals; übermüthiges Gelächter überjauchzte fast die lauteste Musik, man erhitzte sich beim Chahut, einem nicht sehr zweideutigen Tanze, man schluckte dabei allerlei Eis und sonstig kaltes Getränke: als plötzlich der lustigste der Arlequine eine allzu große Kühle in den Beinen verspürte, und die Maske abnahm, und man aller Welt Verwunderung ein veilchenblaues Gesicht zum Vorscheine kam. Man merkte bald, daß solches kein Spaß sey, und das Gelächter verstummte, und mehrere Wagen voll Menschen nahmen nach der Redoute gleich nach dem Hotel-Dieu, dem Zentralhospitale, wo sie, in ihren abenteuerlichen Maskenkleidern anlangend, gleich verschieden. Da man in der ersten Bestürzung an Ansteckung glaubte, und die ältern Gäste des Hotel-Dieu ein gräßliches Angstgeschrei erhoben, so sind jene Todten, wie man sagt, so schnell beerdigt worden, daß man ihnen nicht einmal die anständigen Narrenkleider auszog, und lustig, wie sie gelebt haben, liegen sie auch lustig im Grabe. — Nichts gleicht der Verwirrung, womit jetzt plötzlich Sicherungsanstalten getroffen wurden. Es bildete sich eine Commission sanitaire, es wurden überall Bureaus de secours eingerichtet, und die Verordnung in Betreff der Salubrité publique sollte schleunigst in Wirksamkeit treten. Da kollidirte man zuerst mit den Interessen einiger tausend Menschen, die den öffentlichen Schmutz als ihre Domaine betrachten. Dieses sind die sogenannten Chiffonniers, die von dem Kehricht, der sich des Tags über vor den Häusern in den Kothwinkeln aufhäuft, ihren Lebensunterhalt ziehen. Mit großen Spitzkörben auf dem Rüken, und einen Haken in der Hand, schlendern diese Menschen, bleiche Schmuggesgestalten, durch die Straßen, und wissen mancherlei, was noch brauchbar ist, aus dem Kehricht aufzugabeln und zu verkaufen. Als nun die Polizei, damit der Koth nicht lange auf den Straßen liegen bleibe, die Säuberung derselben in Cutrepise aufgab, und der Kehricht, auf Karren verladen, unmittelbar zur Stadt hinaus gebracht ward, aufs freie Feld, wo es den Chiffonniers gestohlen sollte, nach Herzenslust darin herum zu fischen: da klagten diese Menschen, daß sie, wo nicht ganz broblos, doch wenigstens in ihrem Erwerbe geschmälert worden, daß dieser Erwerb ein verjährtes Recht sey, gleichsam ein Eigenthum, dessen man sie nicht nach Willkühr berauben könne. Es ist sonderbar, die Beweisthümer, die sie, in dieser Hinsicht, vorbrachten, ganz dieselben sind, die auch unsere Krautjunker, Zunftherren, Gildemeister, Zehntenprediger, Fakultätsgenossen, und sonstige Vorrechtsbeflissene vorzubringen pflegen, wenn die alten Mißbräuche, wovon sie Nußen ziehen, der Kehricht des Mittelalters, endlich fortgeräumt werden sollen, damit durch den veralteten Moder und Dunst unser jeziges Leben nicht verpestet werde. Als ihre Protestationen nichts halfen, suchten die Chiffonniers gewaltthätig die Reinigungsreform zu hintertreiben; sie versuchten eine kleine Kontrerevolution, und zwar in Verbindung mit alten Weibern, den Revendeuses, denen man verboten hatte, das übelriechende Zeug, das sie größtentheils von den Chiffonniers erhandeln, längs den Kays zum Wiederverkaufe auszukramen. Da sahen wir nun die widerwärtigste Emente: die neuen Reinigungskarren wurden zerschlagen und in die Seine geschmissen; die Chiffonniers barrikadirten sich bei der Porte St. Denis; mit ihren buntgeflikten Regenschirmen fochten die alten Weiber auf dem Chatelet; der Generalmarsch erscholl; Cassimir Perier ließ seine Myrmidonen aus ihren Boutiquen heraustrommeln; der Bürgerthron zitterte; die Rente fiel, und die Karlisten jauchzten. Letztere hatten endlich ihre natürlichen Alliirten gefunden, Lumpensammler und alte Weiber, die sich jetzt mit denselben Prinzipien geltend machten, als Verfechter des Hertommlichen, der überlieferten Erbdrichtsinteressen. — Als die Emeute der Chiffonniers durch bewafnete Macht gedämpft worden, und die Cholera noch immer nicht so wüthend um sich grif, wie gewisse Leute es wünschten, die bei jeder Volksnoth und Volksaufregung, wenn auch nicht den Sieg ihrer eigenen Sache, doch wenigstens den Untergang der jezigen Regierung erhoffen, da vernahm man plözlich das Gerücht: die vielen Menschen, die so rasch zur Erde bestattet würden, stürben nicht durch eine Krankheit, sondern durch Gift. Gift, hieß es, habe man in die Lebensmittel zu streuen gewußt, auf den Gemüsemärkten, bei den Bäkern, bei den Fleischern, bei den Weinhändlern. Je wunderlicher die Erzählungen lauteten, desto begieriger wurden sie vom Volke aufgegriffen, und selbst die kopfschüttelnden Zweifler mußten ihnen Glauben schenken, als des Polizeipräfekten Bekanntmachung erschien. Die Polizei, welcher daselbst weniger daran gelegen ist, die Verbrechen zu vereiteln, als vielmehr sie gewußt zu haben, wollte entweder mit ihrer allgemeinen Wissenschaft prahlen, oder sie gedachte, bei jenen Vergiftungsgerüchten, sie mögen wahr oder falsch seyn, wenigstens von der Regierung jeden Argwohn abzuwenden: genug, durch ihre unglückselige Bekanntmachung, worin sie ausdrüklich sagte, daß sie den Giftmischern auf der Spur sey, ward das böse Gerücht offiziell bestätigt, und ganz Paris gerieth in die grauenhafteste Todesbestürzung. Das ist unerhört, schrien die ältesten Leute, die selbst in den grimmigsten Revolutionszeiten keine solche Frevel erfahren hatten. Franzosen, wir sind entehrt! riefen die Männer, und schlugen sich vor die Stirne. Die Weiber, mit ihren kleinen Kindern, die sie angstvoll an ihr Herz drükten, weinten bitterlich, und jammerten: daß die unschuldigen Würmchen in ihren Armen stürben. Die armen Leute wagten weder zu essen noch zu trinken, und rangen die Hände vor Schmerz und Wuth. Es war als ob die Welt unterginge. Besonders an den Straßenecken, wo die rothangestrichenen Weinläden stehen, sammelten und beriethen sich die Gruppen, und dort war es meistens, wo man die Menschen, die verdächtig aussahen, durchsuchte, und wehe ihnen, wenn man irgend etwas Verdächtiges in ihren Taschen fand! Wie wilde Thiere, wie Rasende, fiel dann das Volk über sie her. Sehr viele retteten sich durch Geistesgegenwart, viele wurden durch die Entschlossenheit der Kommunalgarden, die an jenem Tage überall herumpatrouillirten, der Gefahr entrissen; Andere wurden schwer verwundet und verstümmelt; sechs Menschen wurden aufs unbarmherzigste ermordet. Es gibt keinen gräßlichern Anblik, als solchen Volkszorn, wenn er nach Blut lechzt und seine wehrlosen Opfer hinwürgt. Dann wälzt sich durch die Straßen ein dunkles Menschenmeer, worin die und da die Ouvriers in Hemdärmeln, wie weiße Sturzwellen, hervorschäumen, und das heult und brüllt, gnadenlos, heidnisch, dämonisch. An der Straße St. Denis hörte ich den alten berühmten Ruf: „à la lanterne!" und mit Wuth erzählten mir einige Stimmen, man hänge einen Giftmischer. Die Einen sagten, er sey ein Karlist, man habe ein brevet de lys in seiner Tasche gefunden; die Andern sagtea, es sey ein Priester, ein solcher sey Alles fähig. Auf der Straße Vaugirard, wo man zwei Menschen, die ein weißes Pulver bei sich gehabt, ermordete, sah ich einen dieser Unglücklichen, als er noch etwas röchelte, und eben die alten Weiber ihre Holzschube von den Füßen zogen und ihn damit so lange auf den Kopf schlugen, bis er todt war. Er war ganz nakt, und blutrünstig zerschlagen und zerquetscht; nicht bloß die Kleider, sondern auch die Haare, die Scham, die Lippen und die Nase waren ihm abgerißen, und ein wüster Mensch band dem Leichname einen Strik um die Füße, und schleifte ihn damit durch die Straße, während er beständig schrie: voilà le Cholera-morbus! Ein wunderschönes, wuthblasses Weibsbild mit entblößten Brüsten und blutbedeckten Händen stand ruhig dabei, und gab dem Leichname, als er ihr nahe lag, noch einen Tritt mit dem Fuße. Sie lachte, und bat die Nahetretenden ihr einige Franks zu zollen, um sich dafür ein schwarzes Trauerkleid zu kaufen, denn ihre Mutter sey vor einigen Stunden gestorben, an Gift. — Des andern Tags ergab sich aus den öffentlichen Blättern, daß die unglücklichen Menschen, die man so grausam ermordet hatte, ganz unschuldig gewesen, daß die verdächtigen Pulver, die man bei ihnen gefunden, entweder aus Kampher, oder Chlorüre, oder sonstigen Schuzmitteln gegen die Cholera bestanden, und daß die vorgeblich Vergifteten ganz natürlich an der herrschenden Seuche gestorben waren. Das hiesige Volk, das ist Volk überall, rasch in Leidenschaft gerathend, zu Gräuel verleitet werden kann, kehrt jedoch eben so rasch zur Milde zurük, und bereut mit rührendem Kummer seine Unthat, wenn es die Stimme der Besonnenheit vernimmt. Mit solcher Stimme haben die Journale gleich des andern Morgens das Volk zu beschwichtigen und zu besänftigen gewußt, und es mag als ein Triumph der Presse signalisirt werden, daß sie im Stande war, dem Unheile so schnell Einhalt zu thun.

(Fortsezung folgt.)

Verhandlungen in der kurhessischen Ständeversammlung über das Preßgesez.

* Kassel, 19 April. (Fortsezung.) Nach Erledigung der Frage über das zum Grunde zu legende System fuhr Jordan in seiner Berichterstattung fort: „Der Ausschuß, fuhr er fort, sey von dem Grundsaze ausgegangen, die vorbeugenden Maaßregeln auf diejenigen Arten von Schriften zu beschränken, welche das

Preßgesez des Bundes namhaft macht. Hierin weiter zu gehen, als es das Bundesgesez nöthig macht, dazu liegt um so wenige ein Grund vor, als weder Recht noch Politik solchen Maaßregeln das Wort reden und eine größere Beschränkung an den Verfassungsurkunde zuwider ist. Darum stelle der Ausschuß seinen Antrag dahin, daß alle vorbeugenden Maaßregeln nur so lange bestehen sollen, als das provisorische Preßgesez des Bundestags vom 20 Sept. 1819 wirksam bleibt." Nachdem die Ständeversammlung diesen Antrag vollkommen genehmigt hatte kam eine weitere Frage in Betracht: ob es nach dem Preßgesez des Bundes zulässig sey, die Verfassung und Verwaltung Kurhessens von den vorbeugenden Maaßregeln auszunehmen? De Staatsregierung hatte in den Motiven zu ihrem Gesezesentwurf zwar diese Frage verneint und auch die Bundestagskommission dieselbe Ansicht in Bezug auf das badische Preßgesez ausgesprochen; es sey gleichwol, äußerte der Redner, zu hoffen, daß die deutsche Bundesversammlung in Folge der gründlichen Erklärung, welche Badens Regierung dagegen abgegeben habe, auf dieser Ansicht nicht beharren werde, da für dieselbe gar kein haltbarer Grund angeführt werden könne. Denn er stlich bemerkte er, folgt schon aus dem Begriffe und der rechtlichen Beschaffenheit des deutschen Bundes, wie diese sich in der Bundesakte (Art. und 2), so wie in der Wiener Schlußakte (Art. 1 und 5) angegeben finden, daß dem Bunde im Allgemeinen keine Einmischung in die innern Angelegenheiten der einzelnen Bundesstaaten zustehe, indem derselbe nur ein völkerrechtlicher Verein ist, der die Unabhängigkeit und Selbstständigkeit der Verdeutschen voraussezt und zu schüzen verspricht, somit eine Einwirkung die innern Angelegenheiten dieser leztern seinem Begriffe und Zweke nach ausschließt. Zweitens wird in den Grundgesez des Bundes ausdrüklich ausgesprochen, daß dem Bunde in der Regel keine Einwirkung in die innern Angelegenheiten der Bundesstaaten zustehe, sondern diesen allein die Aufrechthaltung der innern Ruhe und Ordnung gebühre. (Wiener Schlußakte Art. 2 52, 53 und 61.) Zu den innern Angelegenheiten aber gehört nun wohl zweifellos die Verfassung und Verwaltung des States. Gleichwie daher die Gestaltung der Verfassung und Verwaltung, unter alleiniger Beachtung der in den Grundgesez des Bundes ausgesprochenen Grundprinzipien, jedem Bundesstaate frei zusteht, so kann auch jeder das Urtheil über den Tadel wie das Lob, die Aufdekung der Mängel wie Hervortheben der Vorzüge, seinen Bürgern freigeben, und wird dieses eine jede Staatsregierung thun, welche mit wahrem Ernste nach dem Bessern strebt und darum wünschen muß, daß alle ihre Einrichtungen und Anordnungen von allen Seiten in freimüthiger Offenheit beleuchtet werden. Eine kräftige, Wahrheit wohlmeynende Regierung, welche die Liebe und Hochachtung der bessern Mehrheit des Volks für sich hat, und die die zuverlässigste Stüze besizt, hat bei ihrem guten Bewußtsein selbst den grundlosen Tadel nicht zu fürchten. Auch wird es nie an Vertheidigern fehlen, welche aus eigenem Antriebe solche böswillige Tadler widerlegen. Die ausnahmsweise Einwirkung des Bundes, welche, wie aus der Natur der obigen Regel folgt strenge zu erklären ist, die Vermuthung gegen sich hat und in Folge ausdrüklicher Bestimmungen statt finden darf, ist nur ein zur Vollziehung der Bundesbeschlüsse im Wege der Erkution; zu Aufrechthaltung der innern Ruhe und Ordnung

Französische Zustände.

Paris, 19 April. (Fortsetzung.) Rügen muß ich hier das benehmen einiger Leute, die eben nicht zur untern Klasse gehören, und sich doch vom Unwillen so weit hinreißen ließen, daß sie die Partei der Karlisten öffentlich der Giftmischerei beschuldigten. so weit darf die Leidenschaft uns nie führen; wahrlich, ich würde mich sehr lange bedenken, ehe ich gegen meine giftigsten Feinde solche gräßliche Beschuldigung ausspräche. Mit Recht, in dieser hinsicht, beklagten sich die Karlisten. Nur daß sie dabei so laut wimpfend sich gebärdeten, könnte mir Argwohn einflößen; das sonst nicht die Sprache der Unschuld. Aber es hat, nach der überzeugung der Bestunterrichteten, gar keine Vergiftung statt funden. Man hat vielleicht Scheinvergiftungen angezettelt, man hat vielleicht wirklich einige Elende gedungen, die allerlei unschädliche Pulver auf die Lebensmittel streuten, um das Volk Unruhe zu sehen und aufzureizen; war dieses letztere der Fall, so muß man dem Volke sein tumultuarisches Verfahren nicht zu sehr anrechnen; so viel mehr, als es nicht aus Privathaß entstand, sondern, wie gewisse Journale nachher zu verstehen gaben, im Interesse des allgemeinen Wohls, ganz nach den Prinzipien der Abschreckungstheorie." Ja, die Karlisten waren vielleicht in die Grube gestürzt, die sie der Regierung gegraben; nicht dieser, noch viel weniger den Republikanern, wurden die Vergiftungen allgemein zugeschrieben, sondern jener Partei, die, immer durch die Waffen besiegt, durch feige Mittel sich immer wieder erhob, die immer nur durch das Unglük Frankreichs zu Glük und Macht gelangte, und die jetzt, die Hülfe der Kosaken entbehrend, wohl schwerlich zu gewöhnlichen Gifte ihre Zuflucht nehmen konnte." So ungefähr äußerte sich der Constitutionnel. — Was ich selbst an dem Tage, wo jene Todtschläge statt fanden, an Erkenntniß gewann, das war die Ueberzeugung, daß die Macht der altern Bourbone nie und nimmermehr in Frankreich gedeihen wird. Ich hatte an den verschiedenen Menschengruppen die merkwürdigsten Worte gehört; ich hatte tief hinabgeschaut in das Herz des Volkes; es kennt seine Leute. — Seitdem ist hier Alles ruhig; l'ordre règne à Paris, würde Horatius Sebastiani sagen. Eine Todtenstille herrscht in ganz Paris. Ein steinerner Ernst liegt auf allen Gesichtern. Mehrere Abende lang sah man sogar auf den Boulevards wenig Menschen, und diese eilten eben aber schnell vorüber, die Hand oder ein Tuch vor dem Munde. Die Theater sind wie ausgestorben. Wenn ich in einem Salon trete, sind die Leute verwundert, mich noch in Paris zu sehen, da ich doch hier keine nothwendigen Geschäfte habe. Die meisten Fremden, namentlich meine Landsleute, sind gleich abgereist. Gehorsame Eltern hatten von ihren Kindern Befehl erhalten, schleunigst nach Hause zu kommen. Gottesfürchtige Söhne erfüllten unverzüglich die zärtliche Bitte ihrer lieben Eltern, die ihre Rückkehr in die Heimath wünschten; ehre Vater und Mutter, damit du lange lebest auf Erden! Bei Andern erwachte plötzlich eine unendliche Sehnsucht nach dem theuren Vaterlande, nach den romantischen Gauen des ehrwürdigen Rheines, nach den geliebten Bergen, nach dem holdseligen Schwaben, dem Lande der frommen Minne, der Frauentreue, der gemüthlichen Volkslieder und der gesünderen Luft. Man sagt, auf dem Hotel-de-Ville seyen seitdem über 120,000 Pässe ausgegeben worden. Obgleich

die Cholera sichtbar zunächst die ärmere Klasse angriff, so haben doch die Reichen gleich die Flucht ergriffen. Gewissen Parvenüs war es nicht zu verdenken, daß sie flohen; denn sie dachten wohl, die Cholera, die weit her aus Asien kommt, weiß nicht, daß wir in der letzten Zeit viel Geld an der Börse verdient haben, und sie hält uns vielleicht noch für einen armen Lump, und läßt uns ins Gras beißen. Hr. Aguado, einer der reichsten Banklers und Ritter der Ehrenlegion, war Feldmarschall bei jener großen Retirade. Der Ritter soll beständig mit wahnsinniger Angst zum Kutschenfenster hinausgesehen, und seinen blauen Bedienten, der hinten aufstand, für den leibhaftigen Tod, den Cholera-morbus, gehalten haben. — Das Volk murrte bitter, als es sah, wie die Reichen flohen, und bepackt mit Aerzten und Apotheken sich nach gesündern Gegenden retteten. Mit Unmuth sah der Arme, daß das Geld auch die Schutzmittel gegen den Tod geworden. Der größte Theil des Justemilieu, der haute Finance ist seitdem ebenfalls davon gegangen und lebt auf seinen Schlössern. Die eigentlichen Repräsentanten des Reichthums, die Herren v. Rothschild, sind jedoch ruhig in Paris geblieben, hiedurch beurkundend, daß sie nicht blos in Geldgeschäften großartig und kühn sind. Auch Casimir Perier zeigte sich großartig und kühn, indem er nach dem Ausbruche der Cholera das Hotel-Dieu besuchte; sogar seine Gegner mußte es betrüben, daß er in Folge dessen, bei seiner bekannten Reizbarkeit, selbst von der Cholera ergriffen wurden. Die Cholera ist jedoch nicht unterlegen, denn es sei selber (sagen seine Gegner) ist eine schlimmere Krankheit. Auch der junge Kronprinz, der Herzog von Orleans, welcher in Begleitung Periers das Hospital besuchte, verdient die schönste Anerkennung. Die ganze königliche Familie hat sich, in dieser trostlosen Zeit, ebenfalls rühmlich benehmen. Beim Ausbruche der Cholera versammelte die gute Königin ihre Freunde und Diener, und vertheilte unter ihnen Leibbinden von Flanell, die sie meistens selbst verfertigt hat. Die Sitten der alten Chevalerie sind nicht erloschen, sie sind nur in's Bürgerliche umgewandelt; hohe Damen versehen ihre Knappen jetzt mit minder poetischen, aber gesünderen Schärpen. Wir leben ja nicht mehr in den alten Helm- und Harnischzeiten des kriegerischen Ritterthums, sondern in der friedlichen Bürgerzeit der warmen Leibbinden und Unterjaken; wir leben nicht mehr im eisernen Zeitalter, sondern im flanellenen. Flanell ist wirklich jetzt der beste Panzer gegen die Angriffe des schlimmsten Feindes, gegen die Cholera. Venus würde heutzutage, sagt Figaro, einen Gürtel von Flanell tragen. Ich selbst steke bis an Halse in Flanell, und dünke mich dadurch cholerafest. Auch der König trägt jetzt eine Leibbinde vom besten Bürgerflanell. — Ich darf nicht unerwähnt lassen, daß er, der Bürgerkönig, bei dem allgemeinen Unglüke viel Geld für die armen Bürger hergegeben. — Da ich mal im Zuge bin, will ich auch den Erzbischof von Paris loben, welcher ebenfalls im Hotel-Dieu, nachdem der Kronprinz und Perier dort ihren Besuch abgestattet, die Kranken zu trösten kam. Er hatte längst prophezeiet, daß Gott die Cholera als Strafgericht schiken werde, um ein Volk zu züchtigen, welches den allerchristlichsten König fortgejagt und das katholische Religionsprivilegium in der Charte abgeschaft hat." Jetzt, wo der Zorn Gottes die Sünder heimsucht, will Hr. v. Quelen sein Gebet zum Himmel schiken und Gnade erstehen, wenigstens für die Unschuldigen; denn es sterben auch viele fromme Karlisten. Außerdem hat Hr. v. Quelen, der Erzbischof, sein Schloß Conflans angeboten, zur Errichtung eines Hospitals. Die Regierung hat aber dieses Anerbieten abgelehnt, da dieses Schloß in wüstem, zerstörtem Zustande ist, und die Reparaturen zu viel kosten würden. Außerdem hatte der Erzbischof verlangt, daß man ihm in diesem Hospitale freie Hand lassen müsse. Man durfte aber die Seelen der armen Kranken, deren Leiber schon an einem schrecklichen Uebel litten, nicht den quälenden Rettungsversuchen aussetzen, die der Erzbischof und seine geistlichen Gehülfen beabsichtigten; man wollte die verstotten Revolutionssünder lieber ohne Mahnung an ewige Verdammniß und Höllenqual, ohne Beicht und Oelung, an der bloßen Cholera sterben lassen. Obgleich man behauptet, daß der Katholizismus eine passende Religion ist für so unglückliche Zeiten, wie die jezigen, so wollen doch die Franzosen sich nicht mehr dazu bequemen, aus Furcht, sie würden alsdann auch in glücklichen Tagen deren Priester behalten müssen. — Es geben jezt viele verkleidete Priester im Volke herum, und behaupten, ein geweihter Rosenkranz sey ein Schuzmittel gegen die Cholera. Die Saint-Simonisten rechnen zu den Vorzügen ihrer Religion, daß kein Saint-Simonist an der herrschenden Krankheit sterben könne; denn da der Fortschritt ein Naturgesez sey, und der soziale Fortschritt im Saint-Simonismus liege, so dürfe, so lange die Zahl seiner Apostel noch unzureichend ist, keiner von denselben sterben. Die Bonapartisten behaupten: wenn man die Cholera an sich verspüre, so solle man gleich zur Vendomesäule hinaufschauen; man bleibe alsdann am Leben. So hat Jeder seinen Glauben in dieser Zeit der Noth. Was mich betrift, ich glaube an Flanell.

(Beschluß folgt.)

Verhandlungen in der kurhessischen Ständeversammlung über das Preßgesez.

* Kassel, 19 April. (Fortsezung.) Hr. Jordan fährt in seinem Berichte fort: Zwar argumentirt das Ministerium in den Motiven zu seinem Entwurfe: „Jeder einzelne Bundesstaat ist ein integrirender Theil des Bundes, und jede Gefahr, die jenen droht, erscheint zugleich drohend für den ganzen Bund; das Gift, das unter der Form inländischer Rügen ꝛc. verbreitet wird, gefährdet darum eben so gut das Ganze als das Einzelne, und wenn alle einzelnen Staaten in ihrem Innern unbewacht sind, erscheint auch das Ganze, welches aus diesen Theilen zusammengesezt ist, unbewacht." Allein zunächst ist hier nur die Frage: ob ein Bundesstaat in Folge der Bundesgeseze eine rechtliche Verpflichtung gegen den Bund oder dessen einzelne Glieder habe, seine eigne Verfassung oder Verwaltung gegen den Mißbrauch der Presse durch Präventions-Maaßregeln zu schüzen? Und diese Frage wird noch dem früher Gesagten unbedingt verneint werden müssen. Weiter zu gehen verbietet der §. 37 der Verfassungs-Urkunde, der verordnet, daß Freiheit der Presse und des Buchhandels in vollem Umfange stattfinden sollen; daß zwar gegen Preßvergehen ein besonderes Gesez alsbald erlassen, die Censur aber nur in den durch die Bundesgeseze bestimmten Fällen zulässig seyn soll. Allerdings ist es wahr, daß wenn alle einzelnen Bundesstaaten in Unordnung oder vergiftet sind, auch der Bund selbst sich in Unord-

nung befinde und vergiftet sey; allein man wird in Abrede stellen können und müssen, daß überhaupt die freie Presse, gegen deren Mißbrauch nur Strafgeseze schüzen, einer wahrhaft wohlgesinnten und kräftigen Regierung schaden oder gar die Sicherheit des Staates gefährden könne. Wenn die Verfassung oder Verwaltung eines Staates wirklich so beschaffen wäre, daß sie durch Zeitungsblätter umgestürzt oder aus dem Gleichgewichte gebracht werden könnte, dann müßten sie in der That so morsch und baufällig seyn, daß der Einsturz über kurz oder lang vor selbst erfolgen würde, und es wäre weit angemessener, wenn eine Regierung in einem solchen Falle an die Ausbesserung des Gebäudes ernstlich Hand anlegte, anstatt es durch Präventionsmaaßregeln gegen Preßunfug schüzen zu wollen — ein Schuz, der den wirklichen Einsturz doch nicht verhindern könnte. Denn kann man die etwa dadurch verhindern, daß man den Leuten verbietet, zu sagen oder zu schreiben, daß das Gebäude alt, morsch und dem Einsturze nahe sey? Zudem muß man dem bessern Genossen des Volkes (und diese allein behalten für die Dauer Gewicht) so viel Vaterlandsliebe, so viel nationales Ehrgefühl zutrauen, daß sie die Verfassung oder Verwaltung ihres Vaterlandes nicht ohne Grund tadeln, noch weniger schmähen und lästern werden; blos um zu schmähen und zu lästern, selbst der Strafe nicht achtend, welche auf solche Schmähungen folgen würde. So niedrig steht wahrlich kein deutsches Volk, daß es nicht einsehe selbst, daß jeder Schimpf, der sein Vaterland trift, auf jeden Einzelnen im Volke zurückfalle. Sich selbst aber beschimpft Niemand gern. Es ist in der That traurig und niederschlagend, wenn eine Regierung dem eignen Volke, von dem sie doch allein Leben, Kraft, Bestand und Schuz nach Außen erlangt, so wenig zutraut, daß sie sich durch ängstliche Präventionsmittel gegen die freien Aeußerungen ihrer Bürger schirmen zu müssen glaubt. Hat eine Regierung die Arme ihres Volks nicht zu fürchten wie kan sie vor den Drukschriften einiger Wenigen in Angst gerathen? Möge eine jede Regierung wohl beherzigen, daß Niemand schaden, Niemand ihre Würde verlezen, und, wenn man von den äußern Gefahren absieht, Niemand sie stürze könne, als sie selbst. Es ist daher eine arge Selbsttäuschung, wenn man da, wo von der freien Presse, von Drukschriften die Rede ist, von Gefahren, welche Drukschriften herbeiführen oder gar von Gift spricht, das dieselben verbreiten. Man nehme selbst das Aergste an, was durch Drukschriften verbreitet werden kan, Lügen, Schmähungen, Aufreizungen zum Aufruhr ꝛc.: nie werden diese einer Regierung wahrhaft gefährlich werden können, so lange sie nicht selbst die Liebe und Anhänglichkeit des Volks durch ihre fortgesezte Handlungsweise verscherzt und sich allgemein verhaßt gemacht hat, in welchem Fall aber die Gefahr nicht von den Drukschriften entstanden ist. Die freie Presse kan mit Erfolg nur wirklich bestehende Mängel und Gebrechen an das Tageslicht bringen, und dis hat eine gutgesinnte Regierung nicht zu scheuen, sondern vielmehr mit Dank anzuerkennen, weil sie dadurch in den Stand gesezt wird, solchen Mängeln abzuhelfen. Man durchgehe die Geschichte, und man wird kein Beispiel auffinden können, wo ein wohlgeordneter Staat durch Drukschriften nur im geringsten gefährdet worden wäre; wohl aber dis überzeugen, daß durch die Presse und höhern Angelegenheiten der Menschheit auf die Stufe der Ausbildung gebracht worden sind, auf welcher wir sie jezt im 19te

Französische Zustände.

Paris, 19 April. (Beschluß.) Gute Diät kann nicht schaden, nur muß man wieder nicht zu wenig essen, wie gewisse Leute, die des Nachts die Leibschmerzen des Hungers für Cholera halten. Es ist spaßhaft, wenn man sieht, mit welcher Poltronerie die Leute jetzt bei Tische sitzen, und die menschenfreundlichsten Gerichte mit Mißtrauen betrachten, und tiefseufzend die besten Bissen hinunterschlucken. Man soll, haben ihnen die Aerzte gesagt, keine Furcht haben und jeden Aerger vermeiden; nun aber fürchten sie, daß sie sich mal unversehens ärgern möchten, und ärgern sich wieder, daß sie deshalb Furcht hatten. Sie sind jetzt die Liebe selbst, und gebrauchen oft das Wort mon Dieu, und ihre Stimme ist hingehaucht milde, wie die einer Wöchnerin. Dabei riechen sie wie ambulante Apotheken, fühlen sich oft nach dem Bauche, und mit zitternden Augen fragen sie, jede Stunde, nach der Zahl der Todten. Daß man diese Zahl nie genau wußte, oder vielmehr, daß man von der Unrichtigkeit der angegebenen Zahl überzeugt war, füllte die Gemüther mit vagem Schrecken und steigerte die Angst ins Unermeßliche. In der That, die Journale haben seitdem eingestanden, daß in Einem Tage, nemlich den zehnten April, an die zweitausend Menschen gestorben sind. Das Volk ließ sich nicht offiziell täuschen, und klagte beständig, daß mehr Menschen stürben, als man angebe. Mein Barbier erzählte mir, daß eine alte Frau auf dem Faubourg Mont-Martre die ganze Nacht am Fenster sitzen geblieben, um die Leichen zu zählen, die man vorbeitrug; sie habe dreihundert Leichen gezählt, worauf sie selbst, als der Morgen anbrach, von dem Froste und den Krämpfen der Cholera ergriffen ward und bald verschied. Wo man nur hinsah auf den Straßen, erblickte man Leichenzüge, oder, was noch melancholischer aussieht, Leichenwagen, denen Niemand folgte. Da die vorhandenen Leichenwagen nicht zureichten, mußte man allerlei andere Fuhrwerke gebrauchen, die, mit schwarzem Tuch überzogen, abenteuerlich genug aussahen. Auch daran fehlte es zulezt, und ich sah Särge in Fiakern fortbringen; man legte sie in die Mitte, so daß aus den offenen Seitenthüren die beiden Ende herausstanden. Widerwärtig war es anzuschauen, wenn die großen Möbelwagen, die man beim Ausziehen gebraucht, jetzt gleichsam als Todten-Omnibusse, als omnibus mortuis, herumfuhren, und sich in den verschiedenen Straßen die Särge aufladen ließen, und sie dutzendweise zur Ruhestätte brachten. Die Nähe eines Kirchhofs, wo die Leichenzüge zusammentrafen, gewährte erst recht den trostlosesten Anblik. Als ich einen guten Bekannten besuchen wollte und eben zur rechten Zeit kam, wo man seine Leiche auflud, erfaßte mich die trübe Grille, die Ehre, die er mir mal erwiesen, zu erwiedern, und ich nahm eine Kutsche und begleitete ihn nach Père-la-Chaise. Hier nun, in der Nähe dieses Kirchhofs, hielt plötzlich mein Kutscher still, und als ich, aus meinen Träumen erwachend, mich umsah, erblikte ich nichts als Himmel und Särge. Ich war unter einige hundert Leichenwagen gerathen, die vor dem engen Kirchhofsthore gleichsam Queue machten, und in dieser schwarzen Umgebung, unfähig mich herauszuziehen, mußte ich einige Stunden ausdauern. Aus langer Weile frug ich den Kutscher nach dem Namen meiner Nachbarleiche, und, wehmüthiger Zufall! er nannte mir da eine junge Frau, deren

Wagen einige Monate vorher, als ich zu Cointier nach einem Balle fuhr, in ähnlicher Weise einige Zeit neben dem meinigen stille halten mußte. Nur daß die junge Frau damals mit ihrem hastigen Blumentöpfchen und lebhaften Mondscheingesichtchen öfters zum Kutschenfenster hinausblikte, und ihre Verzögerung ihre holdeste Mißlaune ausdrükte. Jetzt war sie sehr still und vielleicht blau. Manchmal jedoch, wenn die Trauerpferde an den Leichenwagen sich schaudernd unruhig bewegten, wollte es mich bedünken, als regte sich die Ungeduld in den Todten selbst, als sie sich des Wartens müde, als hätten sie Eile ins Grab zu kommen; und wie nun gar an dem Kirchhofsthore ein Kutscher dem andern vorauseilen wollte, und der Zug in Unordnung gerieth, die Gendarmen mit blanken Säbeln dazwischen fuhren, hie und da ein Schreien und Fluchen entstand, einige Wagen umstürzten, die Särge aus einander fielen, die Leichen hervorkamen: da glaubte ich die entsetzlichste aller Emeuten zu sehen, eine Todtenemeute. — Ich will, um die Gemüther zu schonen, hier nicht erzählen, was ich auf dem Père-la-Chaise gesehen habe. Genug, gefesteter Mann wie ich bin, konnte ich mich doch des tiefsten Grauens nicht erwehren. Man kann an den Sterbebetten das Sterben lernen und nachher mit heiterer Ruhe den Tod erwarten; aber Begrabenwerden, unter die Choleraleichen, in die Kalkgräber, das kann man nicht lernen. Ich rettete mich so rasch als möglich auf den höchsten Hügel des Kirchhofs, wo man die Stadt so schön vor sich liegen sieht. Eben war die Sonne untergegangen, die letzten Strahlen schienen wehmüthig Abschied zu nehmen, die Nebel der Dämmerung umhüllten wie weiße Laken das kranke Paris, und ich weinte bitterlich über die unglükliche Stadt, die Stadt der Freiheit, der Begeisterung und des Martyrthums, die Heilandstadt, die für die weltliche Erlösung der Menschheit schon so viel gelitten!   H. H.

Verhandlungen in der kurhessischen Ständeversammlung über das Preßgesetz.

* Kassel, 19 April. (Fortsetzung.) Hierauf kam der Abschnitt, welcher von den durch den Mißbrauch der Presse möglichen Vergehungen und deren Bestrafung handelte, an die Reihe. Aus der Darstellungsweise allein — so urtheilte der Ausschuß — lasse sich entnehmen, ob Jemand in strafbarer Absicht oder im Interesse der Wahrheit geschrieben habe. Darum solle auch, wenn in den Strafbestimmungen vom frechen Tadel die Rede sey, das Prädikat frech, lediglich auf die Form der Darstellung bezogen und beschränkt werden, indem ein begründeter, in anständiger und würdiger Form ausgesprochener, wenn gleich nachdrüklicher Tadel noch keineswegs als eine strafbare Vergehung erscheine. Die Hauptpropositionen der Regierung waren: Wer in Drukschriften die Religion oder gottesdienstlichen Gebräuche einer in Kurhessen anerkannten Religionsgesellschaft durch frechen Tadel oder Hohn herabzuwürdigen und verdächtig zu machen sucht, wird mit einer Geldbuße von 25 bis 100 Rthlr. oder Freiheitsstrafe von 4 Wochen bis zu Einem Jahre belegt. — In gleiche Strafe verfällt, wer durch Darstellung unzüchtiger Gegenstände in Drukschriften die Sittlichkeit auf eine öffentliches Aergerniß erregende Weise verletzt. — Wer in Drukschriften zum Hochoder Landesverrath auffordert oder anreizt, hat eine Frei-

DER AUTOR

Heinrich Heine, geboren am 13. Dezember 1797 in Düsseldorf, gestorben am 17. Februar 1856 in Paris, hat ein Werk von weltliterarischer Bedeutung geschaffen und ist als Aufklärer, Freiheitskämpfer und Europäer der modernste Klassiker unserer Zeit. Heine absolvierte seine Schulzeit und kaufmännische Ausbildung in Düsseldorf, Frankfurt und Hamburg, anschließend studierte er Jura in Bonn, Berlin und Göttingen. 1825 Promotion zum Dr. jur., 1831 Übersiedlung nach Paris. 1841 heiratete er Augustine (genannt Mathilde) Mirat. Zu Heinrich Heines wichtigsten Publikationen gehören: *Buch der Lieder* (1827), *Reisebilder* (4 Bde., 1826–1831), *Der Salon* (4 Bde. 1833–1840), *Ludwig Börne. Eine Denkschrift* (1840), *Neue Gedichte, Deutschland. Ein Wintermärchen* (1844), *Atta Troll. Ein Sommernachtstraum* (1847), *Romanzero* (1851), *Vermischte Schriften* (3 Bde. 1854), *Memoiren* (postum 1884).

»Der Wohlklang, der Scharfsinn und der Stil – und damit ist schon charakterisiert, was Heines bahnbrechendes Werk von beinahe allen seinen Vorgängern und beinahe allen seinen Nachfolgern unterscheidet. [...] Ihm ist geglückt, was Europa den Deutschen kaum mehr zutraute: ein Stück Weltliteratur in deutscher Sprache.«

Marcel Reich-Ranicki

»Man wird einmal sagen, dass Heine und ich bei weitem die ersten Artisten der deutschen Sprache gewesen sind.«

Friedrich Nietzsche

»Keiner der Nachfolger, die sich des unterhaltenden, feuilletonistischen Stils bedienen, hat je wieder Heines genuinen Witz erreicht.«

Robert Gernhardt

»Immer war Heine zwischen den Parteien.«

Ludwig Marcuse

DER HERAUSGEBER

Tim Jung, geboren 1972 in Duisburg, leitet einen Verlag in Hamburg, wo er mit seiner Familie lebt.

Editorische Notiz
Grundlage für die Zitate und die Wiedergabe von Heines Bericht aus Paris sind: Heinrich Heine, *Historisch-kritische Gesamtausgabe der Werke*. In Verbindung mit dem Heinrich-Heine-Institut, hrsg. von Manfred Windfuhr im Auftrag der Landeshauptstadt Düsseldorf. Bd. 1–26. Hamburg 1973–1997 (abgekürzt: DHA) und die Heine-Säkularausgabe (HSA). Für diese Ausgabe wurde die Rechtschreibung Heines modernisiert und die Zeichensetzung dem heutigen Gebrauch angepasst.

2. Auflage 2020
Copyright © 2020 Hoffmann und Campe Verlag, Hamburg
www.hoffmann-und-campe.de
Einbandgestaltung: Lisa Busch © Hoffmann und Campe
Einbandabbildung und Porträt im Innenteil:
Ludwig Emil Grimm: Heinrich Heine, 1827; © akg-images
Satz: Dörlemann Satz, Lemförde
Gesetzt aus der Adobe Caslon Pro und der Saira Condensed
Druck und Bindung: CPI books GmbH, Leck
Printed in Germany
ISBN 978-3-455-01042-8

HOFFMANN
UND CAMPE

Ein Unternehmen der
GANSKE VERLAGSGRUPPE

Französische Zustände.

April. (Fortsezung.) Rügen muß ich hier das ...iger Leute, die eben nicht zur untern Klasse gehö-...doch vom Unwillen so weit hinreißen ließen, daß sie ...Karlisten öffentlich der Giftmischerei bezüchtigten. ...die Leidenschaft uns nie führen; wahrlich, ich würde ...ge bedenken, ehe ich gegen meine giftigsten Feinde ...e Beschuldigung aussprüche. Mit Recht, in dieser ...agten sich die Karlisten. Nur daß sie dabei so laut ...h gebärdeten, könnte mit Argwohn einstößen; das ...t die Sprache der Unschuld. Aber es hat, nach der ...g der Bestunterrichten, gar keine Vergiftung statt ...Man hat vielleicht Scheinvergiftungen angezettelt, ...ielleicht wirklich einige Elende gedungen, die allerlei ...Pulver auf die Lebensmittel streuten, um das Volk ...zu sezen und aufzureizen; war dieses leztere der Fall, ...n dem Volke sein tumultuarisches Verfahren nicht zu ...ynen, um zu lernen, als es nicht aus Privathaß ent-...ern, wie gewisse Journale nachher zu verstehen gaben, ...resse des allgemeinen Wohls, ganz nach den Prinzipien ...ekungstheorie." Ja, die Karlisten waren vielleicht in ...e gestürzt, die sie selber gegraben; nicht dieser, ...weniger den Republikanern, wurden die Vergiftungen ...zugeschrieben, sondern jener Partei, „die, immer durch ...en besiegt, durch feige Mittel sich immer wieder erhob,

die Cholera sichtbar zunächst die ärm... doch die Reichen gleich die Flucht e... war es nicht zu verdenken, daß sie ...die Cholera, die weit her aus Asi...in der lezten Zeit viel Geld an d...sie hält uns vielleicht noch für el...ins Gras beißen. Hr. Aguado, ...Ritter der Ehrenlegion, war Fe...tirade. Der Ritter soll bestä...Kutschenfenster hinausgesehen, ...hinten anstand, für den leibl...gehalten haben. — Das V...die Reichen flohen, und be...nach gesündern Gegenden r...daß das Geld auch ein S...Der größte Theil des Ir...seitdem ebenfalls davon g...Die eigentlichen Repräs...v. Rothschild, sind jedo...urkundend, daß sie n...kühn sind. Auch Casin...indem er nach dem A...suchte; sogar seine S...dessen, bei seiner bes...ergriffen worden. ...selber (sagen seine ...der ...

und Gnade erflehen, wenigst...sterben auch viele fromme R...len, der Erzbischof, sein Schl...tung eines Hospitals. Die ...ten abgelehnt, da dieses Schl...ist, und die Reparaturen zu v...der Erzbischof verlangt, daß m...Hand lassen müsse. Man dur...Kranken, deren Leiber schon ar...nicht den quälenden Rettungsver...bischof und seine geistlichen Gehü...die verstokten Revolutionssünder ...Verdammniß und Höllenqual, oh...bloßen Cholera sterben lassen. ...der Katholizismus eine passende O...Zeiten, wie die jezigen, so wollen ...mehr dazu bequemen, aus Furcht, ...glüklichen Tagen deren Priester beh...iezt viele verkleidete Priester im Wo...ein geweihter Rosenkranz sey ein Sch...

Die Saint-Simonisten rechnen zu...daß kein Saint-Simonist an der herr...könne; denn da der Fortschritt ein Na...gesez sey, und der so-ziale Fortschritt im Saint-Simonismus liege, so dürfe, so lange die Zahl seiner Apostel noch unzureichend ist, keiner von denselben sterben. Die Bonapartisten behaupten: wenn man die Cho-lera an sich verspüre, so solle man gleich zur Vendomesäule hin-aufschauen; man bleibe alsdann am Leben. So hat Jeder sei-nen Glauben in dieser Zeit der Noth. Was mich betrift, ich glaube an Flanell.

(Beschluß folgt.)

Ein wunderschönes, wuthblasses Weibsbild mit entblößten Brü-die ganz...sten und blutbedetten Händen stand ruhig dabei, und gab demählen, d...Leichnam, als er ihr nahe kam, noch einen Tritt mit dem Fuße.worauf ...Sie lachte, und bat die Nahetretenden ihr einige Franks zu gol=nen Kra...len, um sich dafür ein schwarzes Trauerkleid zu kaufen, denn ihre ... man ...Mutter sey vor einigen Stunden gestorben, an Gift. — Des ober,...andern Tags ergab sich aus den öffentlichen Blättern, daß die ...emar...unglüklichen Menschen, die man so grausam ermordet hatte, ganz n... n...unschuldig gewesen, daß die verdächtigen Pulver, die man bei ih=...schwa...nen gefunden, entweder aus Kampher, oder Chlorüre, oder son=...hara...stigen Schuzmitteln gegen die Cholera bestanden, und daß die ...no...vorgeblich Vergifteten ganz natürlich an der herrschenden Seuche ...n ...gestorben waren. Das hiesige Volk, das, wie das Volk überall, ...au...O rasch in Leidenschaft gerathend, zu Gräuel verleitet werden kann, ...g...kehrt jedoch eben so rasch zur Milde zurük, und bereut mit rüh=...rendem Kummer seine Unthat, wenn es die Stimme der Be-...sonnenheit vernimmt. Mit solcher Stimme haben die Journale ...gleich des andern Morgens das Volk zu beschwichtigen und zu ...befänftigen gewußt, und es mag als ein Triumph der Presse ...signalisirt werden, daß sie im Stande war, dem Unheile so schnell ...Einhalt zu thun.

(Fortsezung folgt.)

---

den, nur muß i...die des Nachts...ten. Es ist sp...die Leute iezt b...Gerichte mit M...Bissen hinuntersch...keine Furcht habe...ten sie, daß sie sic...sich wieder, daß...Liebe selbst, und g...Stimme ist hingeb...riechen sie wie amb...Bauche, und mit ze...der Zahl der Todten...oder vielmehr, daß...Zahl überzeugt war,...und steigerte die Ang...Journale haben seitde...lich den zehnten April...sind. Das Volk ließ...ständig, daß mehr M...Barbier erzählte mir, ...Mens...

...in, ...uther still, und...Särge. Ich war unter einige...mich umsah, erblik...die vor dem engen Kirchhofsthore...in dieser schwarzen Umgebung,...mußte ich einige Stunden ausdau...ich den Kutscher nach dem Name...wehmüthiger Zufall! er nannte m...